家康、人づかいの技術

童門冬二

角川文庫
23367

目次

第一部　家康の人づかい

イヌの群れを操るタヌキおやじ

徳川家康の人づかいの特徴は、一言でいえば「分断支配」にある。家康は、つねに、「ひとりの人間がすべての能力を持っているということはありえない」と、人間の能力の完璧性を否定していた。

だからかれが幕府を開いたとき、その幹部はすべて「複数任命」であった。家康にすれば、「ひとりの人間が、すべての能力を備えていることはない。当然欠陥がある。その欠陥を他人が補う。つまり、幕府の運営は、幹部の能力の相互補完によっておこなわれる」と告げていた。

こういう扱いを受ける幹部の中には、「そんなことはない。おれの能力は完全だ」と思うものもあったにちがいない。しかし家康はそういう人間に対してこそ、「うぬぼれるな。もっと謙虚に生きろ」と命ずる。

家康の、「ひとりの人間が能力のすべてを兼ね備えていることはありえない」という考え方は、少し勘ぐって考えれば、自信たっぷりな人間に対して頭から冷や水をかぶせるようないやがらせであったかもしれない。だが、家康の力は大きい。自分では、「おれは完全だ」と思う人間も、結局はこの「複数式任命制」に甘んぜざるをえなかった。いってみれば、完全だと思っている能力の一部を、家康が「不完全だ」と判定すれば、部下たちは自分でもそう思うように自己抑制を強いられたのである。この自己抑制を強いられた部分は当然、一種の「不完全燃焼」を起こす。しかし、この不完全燃焼部分は決して、「家康への不平や不満」という形にはならなかった。

むしろ、「おれの能力が完全なことを、家康様に認めてもらおう」という気持ちになる。このへんが、家康が〝人づかいの名人〟と呼ばれるゆえんなのだ。いわば、家臣すべてに「ドッグレース」をさせる。ドッグレースでは、犬の鼻先にエサをぶら下げて、懸命に走らせる。犬がエサにありつくことは永遠にありえない。しかし、イヌは承知で走る。徳川家臣団はまさにそういうイヌの群れであった。これが家康の、「タヌキおやじ」と呼ばれた真の理由だろう。

また家康は、「ダーティー（汚れ）の部分」は、決して自分が背負わなかった。部下に押しつける。それも、部下のほうが自分からすすんでダーティーな部分を背負うような仕向け方をした。その一番いい例が、関ヶ原合戦後の石田三成の扱いだ。

関ヶ原の合戦で敗れた石田三成は、「拠点である近江（滋賀県）佐和山城に戻って、再起をはかろう」と考え、戦場から離脱した。ふつうの大将なら、戦いに敗れたのだから潔く討死にするところだが、三成はそうはしない。

しかし、途中でかつての盟友であった田中吉政によって捕らえられ、家康の本陣に連行された。当然、三成は後ろ手に縛られていた。ところが家康は、脇の者に「縄を解け」と命じた。その態度には明らかに、「たとえ敗将とはいえ、大将たる者を後ろ手に縛り上げるとは何ごとだ」という武士の面目を重んずる色があった。脇の者があわてて三成の縄を解いた。家康は座敷の中にいたが、庭先に突き出された三成に、「上へあがりなさい」と言った。三成はあがった。家康はしみじみと告げた。

「合戦というのは、武運があるかないかによって支配される。残念ながら、おぬしには武運がなかった。こういう結果になったのは誠に残念だ」と懇ろにいたわった。まわりの者からみれば、（家康は、ええ格好しいだ）と感ずる。しかし家康は真面目にそういう態度をとった。そして、三成の身柄を本多正純に渡した。

本多正純は、家康の扱いを苦々しく思っていたから、再び高手小手に縛り上げて、しかも門前にムシロを敷き、通行人のすべてが三成をみられるように晒した。徳川家康に従った多くの豊臣系の武将が、次々と通過する。馬の上から三成をあざけった。しかし三成は、「きさまたちが裏切ったから、こういう結果になったのだ。もしも秀頼公がご出馬なさっていたら、立場は逆になっていたはずだぞ」とののしり返した。

このケースでいえば、家康は、「ええ格好しい」で、そのところは自分の仕事にするが、三成を虐待し、これを天下にさらして恥をかかせるというダーティーな部分は本多正純にやらせている。しかし本多正純は、そんな家康をずるいとは思わない。「これがおれの役目だ」と割り切って、むしろそれが家康への忠誠心の披瀝であるかのごとくふるまう。微塵も家康への不平不満はない。なぜ家康は家臣たちをそういう気にさせるのか、実に不思議だ。

底意地の悪い家臣統制術

もうひとつこんな話がある。家康が岡崎城主であったころ、宿直制度を設けた。それも三人制にした。ある夜、家康は試みに宿直室にいった。ところが、三人いるはずの宿直者がひとりしかいない。家康は残っていた者にきいた。

「ほかのふたりはどうした」

驚いた残留者は狼狽した。というのは、ほかのふたりは、「ちょっと、遊びにいってくる」と言って花街へ出かけてしまっていたからである。こんなことは、毎晩のようにおこなわれていた。おそらく家康の耳にそういう噂が入っていたにちがいない。そこで家康は、「今夜は自分の目で確かめよう」と思って、宿直室へやってきたのだ。不意打ちだったから、残留者は真っ赤になってしどろもどろな応じ方をした。家康はニヤニヤ笑いながら、「おまえはばかだな」と言った。残留者は、「は？」と上目づかいに見返した。

家康は言った。「おそらくほかのふたりは、城下の花街へでも遊びにいっているのだろう。あしたの朝にならなければ帰ってこまい。おまえはばか正直だから、留守を引き受けてひとりで宿直をしている。人が良すぎる。さあ、おまえも負けずに遊んでこい。宿直はおれがかわってやる」

こんなことを言われて、「ありがとうございます。では、お願いいたします」などと喜んで、いそいそと花街へ駆けつけるばかはいない。残留者は弱り切った。家康は本気で宿直のかわりをするらしく、部屋の隅に陣取って座りこんだ。まるで針のムシロの上に座っているような思いをつづけた残留者は、やがておずおずとこう言った。

「ちょっと城下へいってきてもよろしゅうございますか」

「いいよ。さっきから言っているではないか。おまえもさっさと遊びにいけ」

「わたくしは遊びにいくわけにはまいりません。ほかのふたりにこのことを話しにまいります」

「それはおまえの勝手だ。留守はおれが引き受けたから、安心していってこい」

家康はそう言った。相当に意地が悪い。残留者はほうほうの体で、城下へ走った。遊んでいたふたりにこのことを告げると、ふたりは真っ青になった。そしてあわてて城へ戻ってきた。廊下の床に、額をすりつけて、「なんとも申し訳ございません」と詫びた。

家康はただ黙ってうなずいていた。そして、「どうだ？　城下の花街はおもしろいか」ときいた。

遊んでいたふたりは何も言えずにうつむいていた。家康は立ち上がった。

「では、宿直を頼むぞ」

そう言ったきり、ふたりに対しては何の咎めもしなかった。これもまた家康流の変化球だ。

家康は知っていた。

（ふたりを咎めてもはじまらない。それよりも三人の口から、このことが城内へ伝わって、宿直者たちが身を引き締めればそれでよいのだ）

事実そのとおりになった。ひとりの残留者を残して、ほかのふたりが遊びにいくようなことはピタリとやんだ。

家康のこういう底意地の悪いリーダーシップのとり方は、自分の家臣団に対してだけおこなわれたわけではない。大名の家臣に対しても同じようなことがおこなわれた。

これはおそらく家康が天下人になったのちのことだろう。大名の家臣の中には、「なんといっても、自分たちの人事を左右なさるのは家康様だ」と考えるような不届き者がたくさんいた。つまり、自分が直接仕えている主人よりも、その主人を使っている家康のほうにこそほんとうの人事権があると信じこんだのである。

したがって合戦がおこなわれると、こういう考え方を持つ連中は、「きょうは手柄を立てて、まず家康様に認めていただこう」と競い合う。

そんな考えを持つ若侍が、ある合戦で敵の大将の首を取って、有頂天になって直接家康の陣に駆けこんできた。家康は眉を寄せてチラと側近の顔をみたが、なにくわぬ顔でその若者の功績を褒めた。若者は有頂天になった。(これで、おれは出世できる)と単純に思いこんだ。

興奮している若者に、家康は静かにきいた。

「おまえは誰の家来だ?」

若者は、「ダレダレという大名の家臣でございます」と応じた。若者にすれば、(自分の手柄によって、主人もきっと面目をほどこすにちがいない)と思い上がった考えを持っていた。家康はさらにきいた。

「その主人のもとで、おまえの役目は何だ?」

「旗本でございます」

「旗本というのは、戦陣の中にあって最後まで主人を守る役割だな?」と言った。このあたりから、家康の目の底が鋭く光りはじめていた。若者は次第に不安になってきた。話の方向が変わったからである。若者もばかではない。心の底で、思わずヒヤリとするものを感じた。

家康の追及はつづく。

「おまえがこの首を取りにいっているとき、おまえの主人は何をしていた?」

「は？」

若者は言葉に詰まった。何がなんでもめぼしい敵の首を取って、家康にみせたいという気持ちが先に立っていたから、自分の主人が何をしているかきちんと見極めていなかったのである。若者は次第に追い詰められた。

「それが……」

「どうした？」

家康は追及の手をゆるめない。若者は泣くような声で答えた。

「この首を取るのに夢中で、主人が何をしているかはっきり見届けておりません」

「………」

家康は無言で若者を睨みつけた。目の底が怒りで燃えている。若者は震え上がった。家康の形相はまさに仁王のようなものだったからである。しかし家康は言った。

「この首を取った手柄は認めてやる。いずれ、主人に沙汰をする。帰れ」

いまや完全に生気を失った若者は、すごすごと立ち去っていった。家康は側近に告げた。

「いまの若者の主人を呼べ」

若者の手柄は、その主人にも伝わっていたので、主人は（若者の手柄を褒めてく

だ さるのだろう)と、単純な喜びを抱えながらやってきた。が、家康はこう言った。

「何とかという若者を召し放せ」

「は?」

主人はびっくりした。若者が敵の大将の首を取ったことはきいていたから、さぞかしお褒めの言葉がもらえるものと思ってきたのである。若い大名である主人は、そんな部下を持ったことを誇りに思っていた。ところが、家康の対応は違った。家康は言った。

「この首を取った若者は、主人であるおまえに報告をする前におれのところに直接やってきた。いったいどういう了見なのか。役目をきくと、旗本だという。旗本というのは、どんなことがあっても主人のそばを離れずに、主人の身を守るのが役目のはずだ。それをなげうって、ただおれに手柄を誇りたいがために、あの男はここに来た。けしからん。召し放せ」

「………」

若い大名は声を失った。うつむいて身を震わせた。そして、(家康様は恐ろしい)と感じた。若い大名は陣へ戻り、若者を呼び出してすぐ家康の言葉を伝え、クビにした。若者は声を失ってうつむき、陣から去っていった。現在でいえば徳川コンツエルンの総帥が、子会社の社員に対し、クビを言い渡したということだろう。支社人事への介入だ。しかし家康はあえてそうする。そうすることによって、「徳川コンツェルンの人事方針が確定する」と考えていた。

「水は部下、船は主人」

こういうように、複雑な人事管理をおこなう家康の胸の底には、いったいどんな考えがあったのだろうか。

「徳川家康は無学だった」という説がある。そんなことはない。子供のころ、駿河の今川家に人質になった家康は、駿府（静岡市）内にあった臨済寺の住職太原雪斎（崇孚）から、多くの学問を学んだ。とくに漢学系のものを教えられた。雪斎は妙心寺系の名僧で、今川家の縁者であり、当主義元のブレーンだった。といっても、学問上の知恵を授けるよりもむしろ、軍師として合戦のやり方や、近隣の有力大名との間の政治工作に巧みだった。しかしそういうダーティーな面まで担った雪斎は、逆に人質の少年家康（そのころは松平竹千代）に、「自分の託すべき志」を発見したのかもしれない。孔子・孟子などの儒学を教えると同時に、『孫子』や『六韜三略』などの兵法書も徹底的に叩きこんだ。おそらく雪斎の気持ちの底には、「自分がブレーンを務めている今川家よりも、この少年のほうが将来大物になる」という確信があったにちがいない。

人質生活は別に何もすることがないから、少年家康は学問に励んだ。家康が生涯愛読書として座右においたのは『孟子』『吾妻鏡』『貞観政要』などであったという。孟子を好んだのは、おそらく孟子が唱えている、「政権移動における禅譲と放伐の考え」に関心を持ったためだろう。

『吾妻鏡』を愛読したのは、この書物が鎌倉幕府の歴史を書いたものだからだ。しかし家康が関心を持ったのは、三代で滅びた源頼朝・頼家・実朝の歴史ではあるまい。むしろその後長く執権の職にあった北条一族歴代の歴史だったはずだ。ことに歴代の北条氏が駆使した、「権謀と術策」に多大な関心を持った。まさしく、そこには『孫子』や『六韜三略』などに通ずる兵法が大いに活用されていたからである。『孟子』によって、「徳川幕府の正当性」を理論づけたとすれば、『吾妻鏡』によって、「その政権を長期維持するにはどうすればよいか」という具体的な方法論・技術論を学んだといっていい。

『貞観政要』は、唐の太宗が侍臣と交わした問答をメモしたものである。なかでも

大きなテーマになっているのが、

- 民の支持をいかにして得るか
- 侍臣の諫言をいかにしてきくか

というふたつだ。唐の太宗は、王権を持つ王朝の維持について、家臣にこんなことをきいている。

「創業と守成のどちらがむずかしいか」

侍臣たちはいろいろな意見を出した。あるものは、「創業のほうがむずかしゅうございます」と告げ、ある者は「いや、守成のほうがむずかしゅうございます」と答えた。現在でいえば、「創業者と、二代目以下とは、どちらが困難か」ということだろう。

太宗は、唐王朝の皇帝としては二代目にあたる。かれは侍臣たちの意見を十分に吟味したあと、「わたしはやはり守成のほうがむずかしいような気がする」と答えた。

これは家康にとってもおなじだったろう。かれは慶長八（一六〇三）年に征夷大将軍に任じられたが、二年後にはすぐ三男の秀忠にそのポストを譲っている。これにはふたつの意味があった。

・征夷大将軍職は今後徳川家の世襲とすること
・巷間噂されるような、「豊臣家への政権の禅譲」は絶対おこなわないこと

ということの宣言である。これが大坂の陣の遠因になっていく。家康が晩年に仕掛けた、「豊臣家からの政権奪取を表面化するための大博打」といっていい。

それまでのかれは、「律儀な徳川殿」といわれてきた。その理由のひとつは、若いころに結んだ織田信長との軍事同盟を絶対に破らなかったことである。最後までこの盟約を家康は守りつづけた。それで「律儀な徳川殿」といわれたのである。しかし外にむかってはともかく、内部においてはいままで書いてきたように、そのリーダーシップの発揮の仕方や人事の方法において、相当に屈折した「タヌキおやじぶり」を発揮している。

『貞観政要』に有名な言葉がある。それは唐の太宗が言った、「水はよく船を浮かべ、またよくくつがえす」というものだ。この場合の水は人民であり、船は太宗自身、すなわち皇帝（最高権力者）をさす。

太宗は、諫言を重んじたほどだから、「民に対しては仁と徳を核にした王道政治をおこなわなければならない」と認識していた。しかしかれの認識は、「仁と徳の王道政治をおこなっているときは、民は静かに従っているが、いったん王に徳が欠

けた場合には、「水は波を立てて船をくつがえしてしまう」というものだった。すなわち、民は反乱を起こして王を滅ぼす場合があると警戒していた。そのために、かれは、「諫言をいかにきくか」と、しばしば侍臣と対話をおこなったのである。水（人民）によってくつがえされないようにするには、どのように仁と徳の政治を展開すればよいか、ということを部下から意見具申を求めたのである。

ところが、徳川家康はこの唐の太宗における、「水と船の関係」を、自分流にアダプテーション（潤色）してしまった。潤色とは、「本文に修飾語を加える」という意味もあるが、もっと突っ込んだ解釈をすれば、「話をつくり替えてしまう」ということだ。

家康はつくり替えた。どう替えたのか。かれは、「水を部下、船を主人」にしてしまった。だから家康流の解釈によれば、「部下はいつも主人に忠節をつくしているようにみえるが、場合によっては主人に背くこともある。油断はできない」ということになろう。

下司の勘繰りかもしれない。いままで書いてきた家康の人の用い方、すなわち「分断支配」と、その底にある「意地の悪い、人間の扱い方」の根源は、どうもこのへんにあるような気がする。いってみれば家康は心の底では、どんな忠臣であろうと、「部下は絶対に信用できない」という考えを固く持っていたのではなかろうか。

これは、かれが少年時代に織田家、そして今川家の人質になったせいもあるだろう。六歳から十九歳までのあしかけ十三年間にわたる冷や飯生活は、決して人間への信頼心を培わない。逆だ。人質時代のかれを守ったのは、かれの生母や祖母である。だからこそかれは生母が当時の政情で、他家に再婚したのちも、新しい夫との間に生まれた男の子たちを全部大名に取り立てた。久松系松平がそれである。

しかし、三河以来忠節をつくし抜いた家臣団に対しては、必ずしも心からの信頼感を持ってはいない。晩年の家康の脇には本多正信・正純父子がいた。多くの大名たちに、「大御所様（家康）に、お願いごとをしたときに、その可否は、脇に控えておられる本多どのの表情をみたほうが早い」とまでいわれた正信も、実際問題としては若いころの家康に背いている。

正信は熱心な一向宗徒だった。家康が今川家から独立して、岡崎城に戻ったときに、この地方で一向一揆が起こった。それは家康側が、いきなり一向宗徒の農民たちに、年貢の取り立てをきびしくおこなったからである。このとき本多正信は、一揆側の隊長として活躍した。この事件によって、本多正信は長年放浪生活を送ることになり、大久保忠世のとりなしによってようやく帰参がかなったという。しかしこのとき家康は、本多正信を身分の低い仕事から再雇用したという。これは罰だ。

また、三河以来の忠臣で、家康の右腕といっていいような存在だった石川数正が、あるとき豊臣秀吉のところへ脱走した。もちろんこの脱走には、「数正は家康と腹を合わせて、秀吉のところへ一種のスパイとして入り込んだのだ」という説もある。しかしその後、石川数正がこのスパイとしての責務をどのように果たしたかは、一向に歴史の上にあらわれてこない。むしろ秀吉にも冷遇されて、不遇な後半生を送ったとみられている。

こういうように足もとから、次々と裏切り者が出る状況は、それでなくても冷えていた家康の心を余計冷たくしたはずである。信頼心など生まれるはずがない。子供のころから家康は、「人間とは信頼できない存在だ」という考えを固く持っていた。これがさらに凝固したにちがいない。

しかし、誤解されると困るが、徳川家康のこういう屈折した人の用い方は、決してかれ自身の権力拡大のために使われたのではない。家康には、確固たる「政治理念」があった。この理念との関連で、かれはこの複雑骨折したような人の用い方をつづけていったのである。

家康の政治理念とは

　では家康の政治理念とは、いったい何だったのだろうか。

　現在の愛知県からは、奇しくも三人の天下人が出た。織田信長・豊臣秀吉・徳川家康である。しかし、信長と秀吉は尾張国に生まれ、若いころは名古屋近辺を主として生活の場にしていた。対して家康は、三河国の岡崎城が拠点だった。単純な比較はできないが、やはり尾張国には「都会性」があり、三河国には「農村性」が色濃い。そうなると、やはり「水は方円の器に従う」という言葉どおり、「生活環境によって、そこでくらす人間の意識もある程度変わる」といっていいだろう。

　したがって信長・秀吉は、都会性を思う存分に発揮するような行動性を持っていた。また、情報に対しても敏感だ。それにひきかえ農村性の強い三河国においては、やはり安定性と一種の保守性が身にまといつく。

　家康は後年徳川幕府を開いたときに、「組織は庄屋仕立てでいこう」と告げた。庄屋仕立てというのは、農村共同体における指導者のあり様を示す言葉である。だからのちに「老中」と名づけられた幕府最高のポストも、当初は単に「年寄」と呼ばれていた。家康が「庄屋仕立てでいこう」というのは、「村落共同体においては、村の重要な案件は、すべて庄屋と年寄が集まって相談し合意をえたのちに実行する」というやり方をそのまま持ちこもうということだ。いまでいう、「合議制、あるいは集団指導制」のことである。だから、「傑出した人間の独断専行」は決して認めない。家康の「分断支配」と、「能力の相互補完性」も、この〝庄屋仕立て〟からきている。それだけ家康の組織管理や人事管理には、「土着性」があった。いまの言葉を使えば〝ダサイ〟のである。しかし家康はそれを守りつづけた。

というのは、信長・秀吉・家康の三天下人には、それぞれ歴史に対する役割があったからである。歴史に対するというよりも、「当時生きていた同時代人（戦国時代の日本人）」に対する責務を果たそうという意欲である。

信長は若いころ〝かぶき者・ばさら者〟と呼ばれた。顔を白く塗って、尾張の城下町を歩き回った。かぶき者はもともと「傾（かぶ）く」という言葉からきている。世の中を斜めにみて、洒落のめすということだ。だからサイケな格好をし、意気がる。

が、それだけではない。信長が当時かぶき者を気取って城下町をほっつき歩いたのは、「同時代人のニーズにどんなものがあるか」という、いまでいえば、「ニーズのマーケティング」をおこなったのである。携帯電話・飛行機・新幹線・自動車・

テレビなどのない時代で、かれが、「これこそ情報の伝え手だ」と目したのが、旅人であった。行商人・芸能人・伊勢の御師・高野聖・浪人・旅の僧・学者などである。積極的にこれらの流動者と接触することによって、信長は「同時代人が求めているニーズの一端」を把握することができたのである。信長は、「これを実現するには天下人になるしかない」と考えた。

尾張国には、むかしから言い伝えがあった。「あゆち思想」である。あゆちというのは〝あえの風〟のことで、「海から吹いてくる幸福の風」をいう。尾張国は当時、「日本の四つ辻」と考えられていたから、そのあえの風をこの地域が受けとめるのだという伝説があった。

信長はかぶき者として尾張の城下町をほっつき歩き、多くの流動者から得た、「同時代人がもっとも切実に求めているもの」は、「戦国時代の終了、すなわち日本の平和化」だということを知った。それ以後の信長の行動は、この「日本の平和化」、すなわち「戦国時代の終了」がもっともプライオリティの高い課題になる。

だからこそ信長は、自分が次々と移した拠点を、たとえば「岐阜」と名づけたり、あるいは「安土」と名づけたりしたのである。岐阜はいうまでもなく、中国古代の名王といわれた周の武王を意識したものであり、周の国が興った岐山からきている。

阜というのは丘のことだ。したがって信長にすれば、「おれは日本の周の武王を目指すが、しかし岐山と拠点を名づけたのでは、思い上がっているように受けとめられる。山より少し低いのが丘だ。したがって岐阜としよう」という意識があった。安土というのは、筆者個人のこじつけだが、どこか〝あゆち〟に語感が似ている。したがって信長の「時間との戦い」をモットーとした諸改革も、その根っこには、「この国を一日も早く平和にしたい」という政治理想が燃えていたことは確かだ。

しかし、この、「日本の平和化」をおこなう過程においては、諸種の障害があった。とくに制度的な壁と、意識的な壁が邪魔になった。信長がおこなったのは、「新日本を建設するうえでの障害物の破壊」である。秀吉はこれを継承し、「新価値社会の建設」に力点をおいた。徳川家康はふたりの先輩がおこなった新しい日本の社会体制を、「悪いところは修正（ローリング）しながら、これを長期維持管理する」という役割を負った。簡単にいえば、信長は旧価値社会を破壊し、秀吉は新価値社会を建設し、家康はそれを長期維持管理したということだ。

しかし、家康は単純に信長・秀吉の志を継承しただけではない。「自分なりの工夫」をいろいろと加えている。

徳川家康は、大坂城を炎上させ豊臣氏を滅ぼした時に、一国一城令等の法令をだした。これを、「元和偃武（げんなえんぶ）」といっている。元和というのは、慶長二十（一六一五）年七月十三日に改元して定めた新しい年号だ。こじつければ、「和（平和）のはじめ（元）」と読める。偃武というのは、「武器を倉庫にしまって鍵をかけ、二度と出さない」ということだ。家康なりの、「平和宣言」である。つまり、「日本国内においては、もはや二度と戦争は起こさない」ということの表明だ。

ところが矛盾が起こった。それは何かといえば、もともと「幕府」というのは、「戦陣に幕を張って、今後の作戦展開や、占領地の軍政をいかにおこなうか」を相談する場所だ。したがって、幕府というのはあくまでも軍事政府である。リンカーンの言葉を借用すれば、「武士の・武士による・武士のための政府」だ。しかし、いったん平和宣言をした以上、武士は主務である合戦は二度とおこなえなくなる。かわりに、「この国をいかに経営するか」ということが主な任務になる。いまでいう、経営能力、すなわちバランスシートを扱うことや、組織管理、人事管理などが課題になる。本来は文官の仕事だ。それを武官がおこなう。これが、徳川幕府がはじめから抱えていた矛盾だった。

また、戦国時代には、「下剋上」という風潮があった。これは「下が上に勝つ・下が上を乗り越える」というものだ。そこで、孟子の放伐論が積極的に活用された。

それは「主人が徳を失ったときは、これを実力行使をして追放する」ということであり、同時に「部下は主人に選ばれるだけではない、部下が主人を選ぶ場合もある」というものだ。戦国時代に部下が主人に求める徳というのは、「部下とその家族に対する生活保証能力」のことである。部下を食わせられないような主人は主人ではない。これが孟子の放伐論と結びついて、「部下を食わせられないような主人は、追放してしまえ。あるいは、そんな場合は別な主人を選ぶ」ということになった。したがって戦国時代というのは言葉をかえれば「大転職時代」だった。

この時代の思潮の主流は、「君、君たらざれば、臣、臣たらず」というものである。平和になったあとの武家政権では、こんな論理では困る。上に立つ者がいつも下から選ばれるようでは、統制もとれなければ秩序も保てない。「どうするか」ということで、その後、日本の武士の主柱として取りこまれたのが『朱子学』だった。

朱子学は、「上下の大義名分を正す」ということが一本の柱になっている。となるとこれは、「君、君たらずとも、臣、臣たれ」ということになる。戦国時代のように、主人が主人らしくなければすぐ追放されるなどということはない。どんな場合でも、主人に対しては忠節をつくせ、家臣としての責務を果たせという考えだ。上の者にとっては非常に都合がいい。家康はこれをとり入れた。そしてこの、「君、君たらずとも、臣、臣たれ」という武士の心構えを〝武士道〟に発展させた。そして、この新しい武士の心構えを現実に実行していくのが、家康の、「分断支配・能力の相互補完制」だったのである。

家康は自己権力の拡張のために、こんなややこしい人の用い方をしたわけではない。あくまでも、「実現したこの国の平和を恒久化したい」という政治理念に燃えていた。

豊臣秀吉が生きていたころ、家康にこんな自慢をした。

「わたしはいまの日本で宝物といわれるような名器・名刀・名道具などをたくさん集めた。徳川殿もさぞかしたくさんの宝物をお集めになったことだろう。ひとつ披露してはくださらぬか」

これに対し家康はこう答えた。

「わたくしは宝物と呼ばれるような道具類は何も持ち合わせてはおりません。ただ、わたくしにも宝物がございます」

「ほう、それはどんなものかな」

関心を持った秀吉に、家康はこう答えた。

「わたくしのために生命を捨てる徳川家の家臣団がわたくしの宝物でございます」

秀吉は閉口した。かれのことだから思わず、

「いや、これはまいった」とおでこのひとつでも叩いたのだろうが、心の中では（このやろう、よく言うよ）と思ったにちがいない。

こんな話はすぐ家康の家臣たちに伝わる。きいた家臣たちは思わず感涙にむせんで、「家康公のためなら、生命もいらぬ」と考えただろう。三河譜代(ふだい)の家臣団が、結束力が強く、いつも、「家康公のためなら、生命もいらぬ」とモラール（やる気）を異常にアップさせていたのには、こんなところにも原因があった。

以下、本書では、ここに書いた家康のユニークな「人の用い方」のもとで、その能力を発揮した名臣たちを、選んで紹介する。

第二部　家康名臣伝

政略家にして勇猛な創業の功臣　井伊直政

「徳川四天王」の筆頭

創業期の徳川家康を支えた功臣の中でも、際だった実績を上げた武将たちを、〝徳川四天王〟といっている。井伊直政・本多忠勝・酒井忠次・榊原康政である。

徳川家には〝譜代（ふだい）〟と呼ばれる功臣たちがいる。しかし、同じ譜代でも徳川家がまだ松平家といっていた当時からの功臣と、その後家康が支配した地域で新しく採用した譜代とがあり、順序としては、松平、安城、岡崎、駿河などと区分をしている。

徳川四天王のトップに立つ井伊直政は、最後の駿河譜代である。つまり、はじめのころは徳川家と何の関係もなかった。

その井伊直政が、なぜ四天王のトップにまで躍り上がり、また、「先手（さきて）の家格」として重んぜられるようになったのだろうか。

そのきっかけは、すべて直政がつくった。徳川四天王のうち、かれを除く三人や、草創期の家康を支えた譜代の武士たちのほとんどが、「武技を得意とするイノシシ武者」だった。つまり、何がなんでもがむしゃらに敵陣に突っ込んでいく勇気の持ち主たちで、かれらによって家康は支えられていた。

井伊直政もそのイノシシ武者のひとりである。が、しかし、かれにはもうひとつの才能があった。それは、「政略家」としての素質である。

運命を狂わされた少年時代

井伊直政の少年時代は家康によく似ている。「他人によって運命を狂わされた境遇」という意味においてだ。

家康の松平家は、弱小勢力だったために、織田家と今川家により西と東からつねに圧迫され、悲鳴を上げた家康の父広忠は、家康を今川家へ人質に出した。その途中、織田家に身柄を奪われたりして、家康は六歳から十九歳の成人期まで、織田家に二年間、今川家で十一年間の人質生活を送らざるをえなかった。

家康には、「人の一生は重い荷を担いで遠い道をいくようなものだ。決して急いではならない」という有名な人生訓が伝え残されているが、家康の言葉かどうかは別にして、これはこのころ育まれたものの考え方だといってよい。

直政も同じだった。

井伊の家は、代々遠江（静岡県西部）の井伊谷に住む豪族で、今川家に属していた。かれの祖父直盛は桶狭間の戦いで、今川義元とともに死んだ。

しかし、義元の後を継いだ今川氏真は、そういう井伊直盛の功績を評価するどころか逆にその子直親に対し、「きさまは、織田信長や徳川家康に通じているのだろう」と疑った。

讒言だったが、これを真に受けた今川の家臣朝比奈備中守という武士が、直親とその一族を皆殺しにしてしまった。

直親には当時二歳の虎松（のちの直政）がいたが、かろうじて虎口を脱し、寺に小僧として入った。

以後、今川家に追いまわされ、生命の危険を感じつつ、虎松は寺から寺へと渡り歩いた。

こんな少年時代を送れば、その性格がどういうものになっていくかは想像に難くない。

それには、大きく分けるとふたつあって、幼少年時に受けた暗い経験から、「成人したら社会に報復してやる」という生き方をするか、逆に「自分の不幸は決して他に誇示するものではない。他人がそういう経験をしないように押さえ込むべきだ」と自分の心の中に押し込めてカギをかけてしまうか、どちらかである。

井伊直政はどちらでもなかった。それゆえにイノシシ武者になれたのである。かれのイノシシ武者ぶりをみていると、幼少年時の不幸な経験が突撃を実行させるパワーと勇気に転じたと思える。

かれに有名な言葉がある。

「こんなやつとは戦ってもしかたがないと思える相手は真の敵ではない。しかし、こいつをいま逃がすと後で大変なことになると思える相手は、真の敵だ。そういう敵をみつけたときは、すぐ討ちかかることだ」

つまり、真の敵に対しては間髪を入れぬ攻撃が大事だといっているのである。

家康との出会い

流浪中の虎松が、はじめて徳川家康にあったのは、家康が浜松城主になって近くに鷹狩りに出かけたときのことだという。このとき虎松は十五歳で、家康は二十九歳であった。家康は虎松とあう前に、事前にいろいろな情報を仕込んでいたらしい。家康は虎松にこう言った。

「おまえの祖父や父は、この家康のために死んだようなものだ。忠臣の家柄である」

そう褒めて、自分の側近くに仕えさせた。

初陣は、天正四（一五七六）年二月、家康が遠州芝原で武田勝頼と戦ったときだったという説と、天正六年三月に、家康が武田勢を駿河田中城に囲んだときだったという二説がある。

どちらのときだかわからないが、こんな話が残されている。

家康は、ときどき合戦に負けた。あるとき、数人の供をつれて敗走したときに、食う物がなくなった。供の者が「そこの神社に供えてありました」と言って、神社から赤飯を盗んできた。腹が減って耐えきれなくなったので、みんなムシャムシャかぶりついた。ところが直政だけが食べない。不審に思った家康が、「なぜ食わぬ？」ときくと、直政はこう答えた。

「まもなく敵が迫ってきます。そのときはわたしが殿（しんがり）となって、ひとりで斬り死にするつもりです。後で腹を割かれたときに、胃の中に神前から盗んだ赤飯が入っていたというのでは、武門の恥です。ですから食いません」

突き放したような言い方をする直政に、家康は思わず顔を赤らめ、「気がつかなかった」と恥じ入ったという。

こういうクールな分別心のある直政だったから、単なる猪突猛進のイノシシ武者ではない。かれの勇敢な行動は、沈着な判断力に支えられていた。

こうして直政は次第に頭角をあらわした。そのために猪突一辺倒の古い譜代からは、次第に嫉妬され、なかには憎む者まで出てきた。しかし家康はおかまいなく、直政を重用した。やがてかれは、徳川四天王のトップに躍り出るような立場を確保する。

直政の才覚を見抜いた家康

家康は〝生涯最大の危機〟と呼ばれるような場面に何度か遭遇している。なかでも、天正十年六月二日、盟友の織田信長が明智光秀に本能寺で殺されたときがもっとも危険だった。かれはわずかばかりの供をつれて上方へ旅行中だったが、有名な伊賀越えを敢行し、命からがら岡崎城に逃げ帰った。このときの供の中に井伊直政も加わっている。

甲斐の武田氏は、その前に滅亡していた。待ち構えていたように、旧武田領に手を出したのが家康と小田原の北条氏である。

両者は衝突し、戦線は膠着状況になった。冬を前にして両者は、「和睦しよう」と歩み寄った。これが、天正十年十月二十九日のことである。和睦の全権大使として、北条側からは一門の北条氏規、徳川方からは井伊直政が選ばれた。このとき、直政は弱冠二十二歳だった。

さすがに家康の宿将たちが顔を見合せた。

「こんな新参の若造に、大切な交渉の使者を命じていいのだろうか」

直政の能力を疑っただけではなく、新参者に対する古手の嫉妬と憎悪の念があった。ところが直政は立派にその役を果たした。

家康は天性の〝人づかいの名人〟である。かれはよくこんなことを言っている。

「ひとりの人間に、すべての才能が備わっているはずがない。そんな人間はこの世にいない。したがって、それぞれの長所を伸ばし合い短所を補うことが必要だ」

これは、「人間はすべて欠陥部分があるから、それを補い合え」ということだけではない。家康の部下管理の基本は〝分断支配〟である。しかしその前提として家康は、「この人間には、どういう長所があり、それを発揮させればどのように自分を補佐してくれるか」という、その人間の長所（能力）をきちんと見極めている。

直政が十五歳ではじめてあったときから、家康は直政の才質の中に、「武勇だけでなく、政略の才知も相当にある」と見抜いていた。

北条氏と講和をした家康は、旧武田領のほとんどを支配することになった。このとき家康は、「武田家の遺臣たちは、冷たく突きとばすよりもむしろ、温かく抱き込んだほうがいい」と考えて、大量に旧武田家臣団を再雇用した。武田家で勇名を馳せていた、土屋、原、山県、一条などの諸衆を軍団に組み込んだのである。

人を組み込んだだけではなく、武田家でかれらが使っていた武備も取り込んだ。なかに〝武田の赤備え〟があった。

武田の赤備えというのは、主として山県昌景の兄、飯富兵部が用いていた武備のことである。飯富隊は、いつも全員が赤い甲冑を着、指物、馬の鞍、鞭にいたるまで全部赤く塗っていた。飯富兵部なきあと、小幡貞政がひきついだ。この部隊が前面に立って、喚声をあげながら突入してくると、相手は思わずひるむ。「武田の赤備え」はそれほど有名だった。

家康は直政に、「おまえの軍団は、小幡衆を継承し、以後備えを赤くせよ」と命じた。直政は承知し、飯富式の赤備えを、井伊軍団に取り込んだ。以後、直政の軍団は、「井伊の赤備え」として名を高める。

家康はまた直政に、「合戦のときは、つねに井伊勢が先陣を承れ」と命じたので、井伊の赤備えはそのまま、「徳川軍団の先陣」の役割を果たすことになった。

古参武将たちの反感

徳川家康は、なぜ直政が合戦のたびに猪突していくのかその理由をよく知っていた。

家康は、（直政は、新参譜代で古い譜代の連中から白い目でみられている。それを克服するためには、武功を上げなければならないと考えているのだ）と思っていた。

直政は自分に向けられる白い目に対し、いちいちいいわけをしたり、あるいは反抗したりはしない。直政は、「そんなことに労力を費やすことなく、家康公のためには武功を上げることが第一だ。それによって、先輩たちの自分をみる目を変えさせてやる」と勢い込んでいた。

しかし、名誉ある武田の赤備えの小幡衆が、すべて井伊直政の配下に入ったので、榊原康政などは、とくに不満に思ったという。

同僚の酒井忠次のところにやってきて「うちの殿も考えが浅い。あんな新参者になぜ名誉ある赤備えを許したり、武田の名のある武将たちを配下に加えさせたりしているのだ。おもしろくない。おれはあいつと刺し違える。別れにやってきた」と言った。

酒井忠次は笑い出した。

「ばか者。そんなことを言うからおれたちはイノシシ武者として、殿から軽くみられるのだ。分別がない。つまらんことはやめろ。直政は若いけれども、立派に武田の連中を使いこなしているではないか。おれたちも見習う必要がある」

忠次にそう言われて、康政も考え直したという。

しかし、こういうしこりは依然として古い譜代の猛将たちの間に漂っていた。

小牧・長久手の戦いで名を挙げた〝井伊の赤備え〟

天正十二年の小牧・長久手の戦いは、羽柴秀吉と徳川家康の持久戦だった。互いに相手の出方を待って、突っかけを抑えた。

ところが、秀吉の武将である池田勝入斎と森長可が、「戦線が膠着してしまったので、どうにもなりません。いっそのこと、家康がカラにしている浜松城や遠江方面を襲撃したらどうでしょうか」と持ちかけた。

秀吉はあまり賛成ではなかったが、池田と森の熱意に負けてこれを許した。ところが攻撃に移った池田・森軍を、突然、井伊直政の赤備え軍が迎え討って、散々に負かした。挙げ句の果てに、池田も森も首を取られてしまった。これによって〝井伊の赤備え〟は、一躍有名になった。

秀吉は閉口し、家康と同盟していた織田信長の遺児信雄と、単独講和を結んでしまった。

家康はあきれながらも苦笑するしかなかった。「ばかばかしくて、織田の遺族とは手を組めない」と言い捨てて、浜松城に戻った。

その後西国経営に乗り出した秀吉は、あれよあれよという間に関白の座に就いてしまった。かれは征夷大将軍になりたかったが、家柄の関係でこれができない。そこで、「公家職の中で、人臣として最高位を占めてやろう」と考え、関白太政大臣を目指した。

関白になると、秀吉は全国の大名に対し、「これからは、土地争いのために天皇の許可なく合戦を起こすことは認めない。京都にきて、天皇に忠誠を誓え」と命じた。

天皇に忠誠を誓えというのは建前で、自分に忠誠を誓えということだった。すぐ上洛した大名もいたが、しない大名もいた。しない大名の代表が徳川家康だった。

家康にすれば、「故織田信長殿とおれとは同盟者だ。そのころの秀吉は家来筋だ。そんなやつに、挨拶にいく必要などない」という誇りを持っていた。

秀吉は弱った。

そこで秀吉は、家康を抱き込むために、自分の妹を家康の後妻に押しつけた。しかしそれでも家康が上洛しないので、さらに生母の大政所(おおまんどころ)をも送りつけた。さすがの家康も、「これでは上洛せざるをえまい」と気持ちを固めた。

直政と本多重次

大政所は岡崎城で預かることになった。このとき護衛の任を命じられたのが、井伊直政と本多作左衛門重次である。本多重次は「オニ作左」と呼ばれていた。かれは「一筆啓上　火の用心　お仙泣かすな　馬肥やせ」という日本一短い手紙を書いたことで有名だ。

お仙というのは女の子ではない。かれの嫡男仙千代のことである。成人したのちは、越前丸岡城主になる。

家康が上洛の旅に出た後、本多重次は大政所と家康の妻になった秀吉の妹旭とが宿所にしていた館のまわりに、大量の薪を積み上げた。直政が、「何をする気だ？」ときくと、重次は、「殿に上方で何かあったときは、火をつけて中のふたりを焼き殺す」と平然として言った。大きな声だったので、これが中の大政所と旭にきこえた。ふたりは真っ青になって抱き合った。

そこへいくと井伊直政は、ふたりの女性に対して親切だった。折に触れては、菓子や茶などを持参して、「いかがですか」と慰めた。テレビの刑事物でよくやる〝怖い刑事さんとやさしい刑事さん〟の役割を重次と直政が分担したのである。重次はオニであり、直政はホトケだった。そのために直政の人気が上がり、大政所も旭も、「井伊どの、井伊どの」と言って直政に親近感を示した。

徳川方では、「上洛した殿が、いつ秀吉に殺されるかわからない」というような緊張状態がつづいていたから、岡崎城内ではむしろ本多重次のやり方が支持されていた。井伊直政は嫌われた。「なぜ敵に等しいふたりの女に、あんなにやさしい扱いをするのだ?」と食ってかかる武士さえいた。

直政は笑って、「いざとなったら、おれが直接ふたりの女性を刺し殺す。そのときに、侍女と間違えないように、毎日顔を覚えに通っているのだ」と言い放った。

家康を迎えた秀吉は満足し、朝廷に頼んで、家康に高い官位をもらってくれた。

家康は岡崎に戻ってきた。そして、「大政所さまを上方へ帰せ」と命じた。このとき大政所が、「護衛役は、ぜひ井伊さまにお願いしたい」と申し出た。本多重次は、「わたしが承りましょう」と言ったが、大政所は身を震わせて重次を睨(にら)みつけた。

井伊姓への自負

井伊直政が大政所の護衛をして、京都の入り口である粟田口に達したとき、秀吉はわざわざ出迎えた。岡崎城に人質となっていたときに、大政所と旭がどんな扱いを受けたか、すでにつぶさな報告がされていた。秀吉は本多重次に怒りをおぼえていた。

「おれの母親をあんなひどい目にあわせた本多のやつは、いつか懲らしめてやる」

と恨みを抱いた。反対に井伊直政に対しては、大政所や旭からの手紙によってその扱いが非常に温かいと知っていたので、粟田口に母親を迎えた秀吉は、井伊の手を取って感謝した。

「母が大変お世話になったそうで、礼を言う」

そう告げて、即座に自分が差していた刀を礼としてあたえた。また在洛中は破格の待遇をした。つくったばかりの大坂城に招き、中を案内して歩いた。

そしていよいよ浜松城に戻るという直政に、「これからは羽柴の姓をあたえるから名乗ってよい」と告げた。が、直政はこう答えた。

「徳川家康の家臣の身で、殿下のご姓を賜わることは家の面目これに過ぎるものはございません。しかし、わたくしはかつて主人から松平の姓をあたえると言われたときもお断り申し上げました。井伊はもともと八介の一でございますので、井伊をこのまま名乗らせていただきとうございます」

遠まわしな断りである。八介というのは、秋田城介、三浦介、千葉介、上総介、狩野介、富樫介、大内介、井伊介のことである。

このへんは、直政自身が、「新参譜代であっても、徳川家のほかの家臣のような家柄ではない。おれの家は、古くからの伝統を持っている」というひそかな誇りを持っていたことを示している。

天正十八年の秀吉の小田原攻めでは、徳川軍団がその先陣を務めた。このとき直政は、主人の家康に、「いい機会ですから、秀吉を討ち取りましょう」とそそのかした。ところが家康は、「いまの秀吉はすでに天下人の運を一身に備えている。時がこなければ、天下人というのは倒れない。あせるな」と逆に戒めた。直政は恥じ入った。

徳川創業の功臣

小田原攻略後、家康はそれまでの領地を全部返上し、新しく北条氏の旧領をもらい、江戸城に入った。井伊直政は、このとき十二万石の収入と、上州の箕輪城をもらった。三十歳であった。この十二万石というのは、徳川譜代の中でも破格の扱いであった。またしても、古い年功者たちから強い嫉妬と憎しみの目が向けられた。

しかし直政は、この城にあって旧北条氏の遺臣や上州方面の地侍・土豪をすべて家臣とした。家康の得意な抱き込みを、自分の政略として実行した。さらに、いままでの北条氏の政治のいいところを取り入れ、年貢を安くして農民の負担を軽くしたので、「まれにみる名君」と讃えられた。

やがてかれは、家康に進言して、箕輪城から上州内の和田というところに城を移し、和田を高崎と地名変更した。

関ヶ原の合戦は、よく眺めてみると、「豊臣系大名と豊臣系大名の対決」である。徳川譜代の武将たちは、ほとんど家康の息子秀忠に従っていたので、合戦には間に合わなかった。わずかに、譜代の中で勇戦したのが直政である。家康の名代としての松平忠吉（家康の四男）の補佐をして、勇敢に戦った。その松平忠吉は、直政の娘婿にあたった。

このときの直政の勇戦ぶりに、家康は戦後、「おまえは、徳川創業の功臣だ」と褒め讃えた。論功行賞によって、直政は高崎十二万石から三成の居城だった近江佐和山城へ移り、十八万石を領した。このとき直政は、「石田の臭いをこの世から消せ」と言って、佐和山城の土を六尺近く掘らせ、三成臭を徹底的に消してしまったといわれる。

合戦から二年後の慶長七（一六〇二）年の一月、直政は従四位下に叙せられたが、翌月の二月一日に死んだ。四十二歳である。原因は、関ヶ原で受けた傷が悪化したためだといわれている。かれはついに家康が征夷大将軍になるのをみずに死んだ。

井伊家といえば、すぐ彦根という土地と結びつけて考えられるが、井伊家が彦根城に移るのは、直政が死んだ二年後の慶長九年、二代目直勝のときである。

裏目に出た老臣の忠誠心　酒井忠次

徳川家と祖先を同じくする家

徳川四天王という存在がある。酒井忠次は、一時はこの徳川四天王の筆頭に立っていた人物だ。

忠次の家は松平宗家と姻戚関係にあった。家伝によれば、徳川（松平）家は家康から八代前の親氏が、上野国（群馬県）新田郡得川村から三河国にやってきたことになっている。そして加茂郡松平郷の豪族松平太郎左衛門信重の女婿となった。

この妻とのあいだに親氏はふたりの男の子をもうけ、第一子泰親が松平家を継いだ。これが家康の祖先になる。そして第二子広親が三河国幡豆郡酒井村を本拠にして、兄の家老となり土地の名を姓にした。これが酒井家のはじまりだというのである。

したがって、先祖をたどれば酒井忠次の家は徳川家康の先祖と兄弟になる。

酒井忠次の妻は、家康の祖父清康とその妻華陽院とのあいだに生まれた碓井姫である。華陽院は先に水野忠政の妻になっており、家康の生母於大を生む。於大と忠次の妻碓井姫とは異母姉妹になる。だから、家康と忠次の関係は、ふつうの主人と部下以上の血縁関係があった。しかも忠次は、家康より十五歳の年長者である。

忠次が松平家に仕えたのは、家康の父広忠の代からである。家康は、最初は織田家、次は今川家の人質になったが、忠次は家康の供をして十年のあいだその守り役を務めている。

先がみえすぎた三河武士

永禄三（一五六〇）年五月の桶狭間の合戦では、松平元康と名乗っていた家康は、今川軍の先手として最前線にいた。しかしこの合戦で、主人筋の今川義元が信長に首を取られてしまった。家康は、義元の子氏真に、「父上の仇（かたき）をとりましょう」とすすめたが、氏真の態度は曖昧だった。

そんなときに信長の使者として、岡崎城に滝川一益がやってきた。「主人信長と同盟しませんか」という。家康は迷った。

このとき、酒井家の当主で忠次の兄にあたる将監忠尚は、「松平と織田は、清康公以来の仇敵同士。織田に討たれた者はこの三河にあふれております。ぜったいに織田などと同盟は結ばないでいただきたい」と反対した。

これに対して忠次はこういった。

「確かにそのとおりですが、肝心な氏真どのは遊宴にふけり、佞臣を近づけて、忠臣の言うことをききません。とくに殿（家康）が、義元どのの弔い合戦をおすすめになったにもかかわらず、氏真どのはよそごとのようにきき流しておられます。このままでは、今川家は滅亡するでしょう。この際、今川どのを見限り、織田どのと手を結ぶことは、当家の発展のためにまことに結構なことと存じます。

このこと自体は、決して織田に討たれた三河武士の遺族に対する裏切りにはなりません。むしろ、当家の発展のためにそうすべきです」

兄の忠尚は不機嫌そうに弟を睨みつけた。そして、「殿、どうなさいますか？」と家康に決断をうながした。

家康はしばらく考えた。しかしやがて、「忠次のいうとおりにする。織田どのと同盟を結ぼう」と決断し、滝川一益にこのことを伝えた。

このように、酒井忠次には、「先を見通す目」があった。しかしこれがまた裏目に出て、かれの後半生に悲劇をもたらす。つまり、「先がみえすぎる」ということは、必ずしも三河武士にとって得策ではなかった。とくに、部下と主人の関係を、「水と船」とみなす家康のような疑り深いトップの下にあっては、ことさらにマイナスになる。

敗残兵を励ました「酒井の太鼓」

自分の意見が通らなかった酒井忠尚は不満に思い、この地方に多かった一向宗徒の一揆を扇動した。家康は一年にわたり一向一揆に攻め立てられてひどい目にあった。しかし、酒井忠次は終始一貫して家康のそばにピタリとつき、勇敢に戦った。家康はかろうじて一向一揆を制圧することができた。永禄七年のことである。

家康はこのとき、東三河の管理者として吉田城（豊橋市）の城主に忠次を任命した。そして東三河一帯の武士の指揮権をあたえた。西三河には石川家成（数正のおじ）を置き、その地方の武士の支配権をあたえた。

つまり、独立大名として発足した家康の初期の右腕・左腕は、酒井忠次と石川家成であった。

直後、家康は遠祖親氏の出身地といわれる上州得川村にちなんで、「徳川」と改姓した。また織田信長との同盟によって、「織田信長は西へ、徳川家康は東へ」と勢力配分を約束する。両者はつねに手を取り合って、一方が危なくなったときには必ず応援軍を送るというような義理を尽くしつづけた。そのため徳川家康はやがて、「約束を守る徳川どの」あるいは、「律儀な徳川どの」といわれるようになる。

ところがその律儀な家康が、若気の至りで大きな失敗をした。三方ヶ原の合戦だ。元亀三（一五七二）年十二月、「京都に向かう」と宣言した武田信玄が、大軍を率いて家康の拠点である浜松城の北方を通過した。

織田信長は、浜松城に三千の応援を送った。が、応援軍の大将には、「決して討って出てはならない。信玄の術策にかかって大敗をする。徳川どのにもこのことをよく伝えよ」とクギを刺した。

が、家康はきかなかった。「家の庭先をズカズカと通過されて、だまってはいられない」と言って、全軍に出撃を命じ三方ヶ原に討って出た。待ち構えていた信玄軍に囲まれ、散々な目にあった。家康は敗走した。

このとき、武田軍の追撃を予想して、浜松城内において、酒井忠次はやぐらに走り登り、そこにあった太鼓を叩きつづけた。

この太鼓が敗戦で落ち込んでいた家康の家臣たちを励まし、「武田軍よ、くるならこい。死にものぐるいで一兵残らず滅ぼしてやる！」と高い戦意を示した。

忠次が叩いた太鼓は、「酒井の太鼓」といわれて、現在現物も残っているという。酒井忠次は決して弁舌はさわやかではなかったが、こういうようにいわば当意即妙のサービス精神というか、まわりの者の気を引き立てるようなしかけをすることが得意だった。

かれはよく〝エビ踊り〟を披露した。これは川に入ってエビをすくうしぐさを狂言にしたもので、ドジョウすくいに似た踊りだったという。家康の部下たちは、忠次がこのエビ踊りをすると、一斉に喝采し、大いに興じた。忠次のエビ踊りは家康の軍勢の戦意高揚にいつも役立っていた。

長篠決戦前夜の「エビ踊り」

家康を苦しめた武田信玄は、天正元（一五七三）年に死んだ。後を継いだのは勝頼である。

天正三年五月になると、内政的にいきづまっていた勝頼は、「領国の士民の意識を、外に向けよう」と策して、大軍を率いて家康の領土である奥三河の長篠城を包囲した。

家康の軍勢は武田軍の三分の一もない。そこで家康は同盟者の信長に応援を頼んだ。快諾した信長は、嫡子信忠とともに軍勢を率いて岐阜城を出発、五月十四日に家康の拠点である岡崎城に着いた。

やがて織田・徳川連合軍は、岡崎城を出発して長篠城の西方にある設楽原(したらがはら)に着陣した。

このとき信長は、部下たちに丸太と縄をもたせていた。「武田軍は、騎馬隊が有名だ。これを防ぐために馬防柵をつくる」と言った。

また、信長と家康は相談し、「鉄砲隊を使おう」ということになっていた。大がかりな鉄砲隊を使うのは、日本の合戦史の中でもこのときがはじめてだ。成功するかどうかは誰にも予測が立たない。織田信長の家来も徳川家康の家来も、名だたる武田騎馬隊の勇名に半分はおののいていた。そのために、おびただしく斥候が出された。

次々と信長・家康のところに報告がもたらされた。そしてそのほとんどが、「武田騎馬軍団は大軍であり、整然とこの設楽原に攻め込んでまいります。容易に打ち破ることはむずかしいと思います」という悲観論ばかりだった。

このとき酒井忠次が立ち上がってこう言った。

「いや、それはちがいます。わたくしも斥候を放って武田軍を偵察させましたが、兵数は必ずしも多くはありません。またこの設楽原の地形をみると、あたり一帯は湿地帯であって、いかに勇猛を誇る武田騎馬軍団も、泥沼に足をとられて進撃は容易ではないと思います。そこを、鉄砲でねらい撃ちにすれば、我が軍の勝利はまちがいありません」

信長はこれをきくと、隣にいた家康の肩をたたいて大いに喜んだ。

「そのとおりだ。臆病者が斥候にでると、草や木も軍勢にみえるのだ。さすが忠次は臆病者ではない。徳川どの、よいご家来をおもちだ」

信長は喜び、「酒を持ってこい。武田軍を迎える前に、祝杯をあげよう」と言った。

酒宴がはじまると、信長が忠次に言った。

「忠次、おぬしエビ踊りが得意だそうだな」

「は？」

忠次はおどろいて信長の顔をみた。信長はニヤニヤ笑っている。

「隠すな。披露せい」

そう言った。忠次は家康の顔をみた。

家康は目で、（やれ）と命じた。忠次は立ち上がり、得意のエビ踊りをはじめた。踊りだすとたちまち織田・徳川両軍の将兵たちが、一斉に手を打って笑い出し、はやしたてる。そのなかで忠次は巧妙にエビ踊りを踊りぬいた。

「武田騎馬隊など恐るるにたりない」と大はったりを告げ、同時にサービスとしてエビ踊りまで付け加えたことに、信長は大いに気をよくした。

そんなさまを家康は胸の中でチッと舌を鳴らしながら見守っていた。家康は、（忠次め、おれよりも信長に取り入っている）と感じたのである。

忠次にすれば、当時の織田信長と主人徳川家康とをくらべれば、その実力の差は歴然としている。いったん同盟を結んだ以上、徳川家のためにも織田信長の気分を壊すことはできない。ましてや今度の合戦は、徳川家康が織田信長に応援を頼んで展開するものだ。信長が気分を害して、「応援はやめた。岐阜城へ戻る」などと言い出せば、家康の面目は丸潰れになる。あるいは、家康は三方ヶ原の二の舞いを被るかもしれない。

武田勝頼は今度こそ、「雌雄を決しよう」という背水の陣を敷くような意気込みでここに出かけてきているのだ。なんとしても織田信長の機嫌を損じずに家康の応援をしてもらわなければならない。その意味で、忠次がはったりの報告をしたり、あるいはエビ踊りで信長軍の興をつなごうとしたのも、いわば、「出血大サービス」だったのである。

鳶ヶ巣山への奇襲を献策

エビ踊りが済んで、酒宴がたけなわになったときに、信長がはじめて、「これより軍議を開く」と告げた。幹部は別室へ移った。

信長は、「さて、わが軍は武田軍にどういう手を打つべきか」と問うた。諸将はさっき忠次が告げた設楽原の地形や鉄砲のねらい撃ちを妙策だと思っていたので、とくだん何も言わなかった。しかし信長が求めたのは、「守るには忠次の案がいいが、こちら側から打って出るとすればどういう策があるか」とさらに積極策を求めたのである。

諸将はだまっていた。一様に酒井忠次の顔をみた。信長も、「忠次、考えがあれば申してみよ」と言った。

そこで忠次は、現地を調べてきた斥候の報告をもとにしながら言った。

「もしも武田軍が全軍をあげて攻めてくるようでございましたら、こちらは少数の兵をもって大野川をさかのぼり、かれらの後方へまわって武田方の砦である鳶ヶ巣山を乗っ取れば、武田軍をはさみ打ちにすることができましょう。今夜これからさっそくにも鳶ヶ巣山の忍び取りをおこなうべきでございましょう」

すると信長は、さもばかにしたような冷笑を浮かべた。そして、「そんな作戦は、おまえが三河や遠江などで、百か二百の小競り合いをするときのやりかただ。信長と勝頼との一戦に、そんな姑息な戦法など用いん」とあざ笑った。

さっきとは打って変わった信長の態度に、忠次はびっくりした。面目を失って赤面し、うつむいた。

「ご無礼を申し上げました」

恥をかいたまま忠次は自分の陣へ引きあげた。家康はそんな忠次を複雑な表情で見送った。

ところが深夜、忠次のところに家康がやってきた。

「忠次、織田どのが呼んでおられる」

忠次はびっくりした。落ち込んでいたので、思わず家康の顔を見返した。家康は鋭い目で忠次をみつめていた。

信長のところへいくと信長は言った。

「忠次、さっきはすまなかった」

「は？」

忠次の顔を見返して信長は笑った。そして、「おまえのさっきの策は妙策だ。実行する。なぜあのときああいう退けかたをしたかといえば、あの策を敵方に知られては困ると思ったからだ。妙策はひそかにおこなうに限る。忠次、おまえの立てた策だ。先手としてさっそく鳶ヶ巣山を乗っ取れ」と命じた。

「は」

忠次の顔は喜びに輝いた。脇にいた家康をみると家康は黙ってうなずいた。

こうして、忠次は織田・徳川軍から選りすぐった四千の特別攻撃隊の隊長になり、鳶ヶ巣山を見事乗っ取った。これがきっかけとなって、武田勝頼軍は無謀な全面突入をおこない、待ち構えていた馬防柵内の連合軍鉄砲隊の一斉射撃にあって、壊滅同様の大損害を受けた。長篠の合戦と呼ばれるこの戦いで、織田・徳川連合軍は圧勝した。そのきっかけをつくったのは、酒井忠次である。

戦後、信長は忠次を呼び出し、「おまえの目は、二つではなく、十も二十もついているようだな」と褒めた。忠次は大いに面目をほどこした。しかし徳川家康の胸の中では、自分という船の下で、酒井忠次という水が波音をたてて大きく波だちはじめたのを感じた。

信長が忠次を呼んだ理由

信長は長篠の合戦に大勝を得ると、翌年から近江国（滋賀県）琵琶湖畔の安土山に、壮麗な城を築きはじめた。

山頂にある天主閣は、ふつうなら天守と書くが、信長の場合は天主閣といっている。天主というのはいうまでもなくデゥス（神）のことだ。信長にすれば、「おれが神だ」という意気込みがあったのだろうか。

城が完成したのは天正七年五月十一日のことであった。長篠合戦のときの礼もかねて、家康は、新城の祝いに、長篠城主の奥平信昌を派遣することにした。誰よりもいちばん世話になったのが奥平だったからである。

ところが事前にこのことを伝えると信長から、「わざわざありがたい。そのときは、酒井忠次も同行させてほしい」と言ってきた。家康は眉を寄せた。

（何のために忠次まで呼ぶのだろうか？）

あるいは、あのときの鳶ヶ巣山の奪取やエビ踊りなどのことを思い出して信長が、酒井とそんな話をしたいのかなとも思った。

そこで家康は、奥平信昌と酒井忠次のふたりに、引き出物の名馬を引かせて安土城に送った。

ところが、酒井忠次が呼ばれたのには別な用件があった。家康にとっては大変な災難を被る事件である。

家康の妻は築山どのといった。家康がまだ今川家にいたころにもらった女性で、父は今川義元の武将関口刑部少輔といい、母親は義元の妹であった。

家康と築山どののあいだには、その後、長男が生まれた。信康である。信康は、父同士の同盟関係から、信長の娘五徳（徳姫）を妻にしていた。

ところがこの五徳があるとき、父の信長に、「夫信康と、その生母築山どのの謀反の行状」と題して十二ヶ条の不埒(ふらち)なおこないを書きつづり訴えてきた。それには、

- 信康の暴君ぶりの数々
- 母築山どのと心をあわせ、ひそかに武田家に通じていること
- 織田家を滅ぼした際には、信康が織田家の領地を乗っ取り、築山どのは武田家の有名な武将と再婚する約束がある

などと書き連ねてあった。

家康は何も知らない。近ごろ信康と五徳の夫婦仲があまりよくないということは知っていたが、こんなでっちあげに等しい訴えを、嫁の五徳が織田信長にしているとは想像もしていない。

信長が新城の祝いに家康から使者として長篠城主奥平信昌のほかに、酒井忠次を寄越してほしいと言ったのは、この十二ヶ条の真偽を忠次に確かめようと考えたからである。

信長は酒井忠次を信用し、「口べたな男だが、ウソはつかない武士だ」と評価していた。奥平信昌の口上によって、引き出物の馬が引き渡されると、信長は喜んだ。そして、「忠次、ちょっと奥へ」と忠次だけを自分の居室に呼んだ。

何の用かわからない忠次は黙ってついていった。信長は、忠次の前に娘からきた訴状を投げ出した。

「読め」

忠次は読んだ。目がつり上がった。胸が早鐘のように鳴りだす。背中にびっしょり冷や汗をかいた。

(まさか!)

書かれていることの一条一条が予想もしない内容だ。

「これは！」

思わず信長を見返した。信長は鋭い目で忠次を睨みつけた。が、こう言った。

「一条一条について、申し開きがあれば申せ」

信長の詰問に忠次は仰天した。寝耳に水で、おぼえのないことばかりならべられていることと、また生来の口べたで、頭にカッと血が上った。しかし、伝えられるところによれば忠次はこのとき十二ヶ条のうち十ヶ条についてはかろうじて申し開きをした。が、二ヶ条についてはどうしても言い返すことができなかったという。

実を言えば、忠次は信康とあまり仲がよくなかった。そのため、「忠次には、信康を積極的にかばう気持ちが欠けていた」と伝える人もいる。

さらに下司の勘繰りになるが、「この事件は、信長と忠次が示し合わせておこなった」という人もいる。

まさかそこまでの才覚は忠次にはない。いくら信康が嫌いだといって、こういう婉曲な方法をとって家康を苦しめるようなことはしない。信長の言っていることは、忠次の主人家康に対するいやがらせなのだ。

信康の死

信長は、忠次がついに申し開きのできなかった二ヶ条をたてに、「徳川どのに、信康どのと御生母築山どのの処分をよしなにと伝えろ」と命じた。信長は完全に忠次をのんでいた。忠次は真っ暗な気持ちになって安土城を去り、浜松城に戻って家康にこのことを報告した。

「なに」

家康はおどろいた。どす黒い怒りを目にふきたてながら、忠次を睨みつけた。しかし当時の力関係では、家康は信長の申し入れを受ける以外ない。蹴れば、両者の同盟は決裂し、家康はまた孤立する。

家康は泣きながら、長男信康を自害させ、同時に築山どのも殺させた。家康にとって、生涯ぬぐいさることのできない事件であった。

これによって、家康の忠次に対する気持ちは急激に冷えていった。

「忠次も、結局は船をくつがえす水だったのだ」と感じた。当然、徳川家康に忠誠をつくす三河武士たちは、非難のまなざしを忠次に向けた。忠次は孤立した。

しかし忠次にすれば、「自分は、よかれと思ってやったことなのだ」という気持ちがあった。

が、まわりはそう解釈しない。「このごろの忠次は、家康さまより信長公のほうに心を傾けている。信長公のひげの塵をはらうことに汲々としている」

忠次にとってほかの人間がそう思うのはかまわない。しかし感じたところによれば主人の家康もそういう目で忠次をみている。それが悲しかった。情けなかった。(純粋無垢な忠誠心を捧げているおれの心を、家康さまは微塵も理解してくださらないのか)

しかし忠次は、その後の合戦でもつねに身を捨てて家康のためにつくした。天正九年に武田方の遠江高天神城を攻略したときにも、率先して働いたし、また本能寺の変後の伊賀越えでも、数少ない供の中にいた。

しかし、二度と家康の信頼を取り戻すことはできなかった。

冷遇された老将の寂しい晩年

「老将に交代のときがきている」

忠次はひしひしとそう感じた。そこで、天正十六（一五八八）年、忠次は隠居して息子の家次に家督を譲った。

天正十八年、豊臣秀吉の小田原北条征伐がすんだあと、家康は関東を領国としてもらった。そのかわり、従来の領国であった三河・遠江・駿河などはすべて返上させられた。

収入の増えた家康は部下たちに大盤振舞をした。四天王に対してはとくに優遇し、井伊直政に十二万石、本多忠勝、榊原康政のふたりに十万石ずつをあたえた。ところが忠次のあとを継いだ家次に対しては、わずか三万石しかあたえなかった。

忠次は家康のところにいった。

「徳川四天王といわれたわが酒井家に対し、たとえ息子の代とはいえほかの三将にくらべて頂戴した土地が少のうございます。もう一度お考え直しいただけませんでしょうか」

そう頼んだ。

ところが家康は冷たい目でジロリと忠次を見返した。そして「おまえでも、息子はかわいいのか？」とぞっとするような言葉を投げつけた。家康は依然として、長男信康を失ったのは忠次のせいだと思いこんでいたのである。忠次は骨の髄まで家康の冷気を感じとった。

信長が死んだあと、家康は豊臣秀吉と小牧・長久手で戦った。合戦では家康が勝ったが、政治戦略で家康は負け、最終的にふたりは和睦した。

このとき家康の供としてついていったのが忠次である。秀吉は忠次をみて、「おぬしが有名なエビ踊りの酒井か。よし、ほうびをやろう」。そう言って、忠次を従四位左衛門督に叙任してくれた。さらに、「京都にきたときの費用だ」と言って、近江に千石の土地をくれた。

主人をさておいて、ほかの実力者から土地や官位をもらう忠次の態度を、家康も三河武士たちも白い目でみた。

「酒井忠次は、いつも織田信長や豊臣秀吉のような実力者に擦り寄る」と陰口を叩かれた。

忠次にすればそんなことではない。かれは、

「力関係で、主人家康さまが及びもつかない相手が存在するのなら、そちらの気を悪くさせないようにするのが家臣のつとめなのだ」と思っていた。

しかしこの、「主人を超える実力者への心くばり」は、えてして当の主人そのものから警戒される結果を生む。忠次の場合がそうだった。徳川家康と親戚筋にあた

り、四天王のひとりだった酒井忠次は、こうしてしだいにわびしい晩年へと追い込まれていった。

かれは秀吉のくれた京都の屋敷に移り住む。もはや何の望みもない。家康の信頼も二度と取り戻せない。かれは京都の屋敷でやがて目を病み、盲目になってしまった。一智と号して慶長元（一五九六）年に死んだ。七十歳であった。

いってみれば、「すべて裏目に出た忠誠心のもちぬし」という悲劇を、酒井忠次はいやというほど味わったのである。

家康の理解を超えた直線的忠誠　天野康景

悲劇の三河武士の少年時代

徳川家康は、三河以来の譜代武士を大事にした。天下を取ったのちも、政権の中枢に座れるのはすべて譜代大名であって、一、二の例外はあるが関ヶ原の合戦や、大坂の陣から家康に味方した者は〝外様大名〟として、最後まで政権のカヤの外においた。

これはかれの「関ヶ原の合戦や大坂の陣以後、おれに味方した武士は信用できない。かれらは権力の所在を確かめて、その都度風にそよぐ葦のように進退を決める」というモノサシによるものだろう。

ところが、信用しているはずの三河武士の中にも、誠心誠意家康に忠誠心をつくしながら、結局は退けられてしまった譜代武士がいる。天野康景だ。

天野康景は、三河出身で又五郎あるいは三郎兵衛といった。子供のときから家康に仕えていた。

家康の少年時代、松平家は、尾張の織田信秀と、駿河の今川義元の大勢力にはさまれて始終苦労していた。家康の父広忠は、ついに、「松平家は単独では存立できない。大勢力の木の下に入ろう」と考え、駿河の今川義元に従属する意志を示した。ところが妻の於大の実家である刈谷城主水野信元は、織田信秀に属していた。そこで家康の父松平広忠は、於大を離縁して実家に戻した。家康は生母と生き別れをさせられたのである。

於大はのちに久松という武士と再婚し、また子供を生む。その子供たちが男の子だったので、天下を取った家康はこれらの異父弟をそれぞれ大名に引き立てている。妻を離縁した広忠は、今川家に従属する証しとして、息子の家康(当時竹千代といった)を人質に出すことになった。

家康は何人かの供をつれて出発した。ところが、継母の父、田原城主戸田康光が、織田家に通じていて、「竹千代を織田に引き渡し、賞金を得よう」と企てた。そこであまり地理を知らない家康一行に対し、「船で海を渡ったほうがいい」とすすめた。家康一行はこれに従った。

上陸すると家康一行はたちまち織田の軍勢に取り囲まれた。ついていた供が、

「戸田に謀られた！」と怒ったが、どうしようもない。

このとき家康は船を降りるときに、まだ十一歳だった天野康景をそっと呼び、こう言った。

「ひそかに脱出せよ。そして、このことを岡崎城に報告せよ」

委細承知した天野康景は、混乱にまぎれて、その場から脱走した。そして、岡崎城に走り着き、

「戸田康光に裏切られて、若君は織田家の人質になってしまいました」と報告した。少年ながら、このときの報告ぶりが見事だというので、「天野又五郎は肝のすわった見事な武士である」と褒め讃えられた。

その後、今川家と織田家の間で小競り合いが起こり、今川家の軍師だった太原雪斎が、織田方の安祥城を攻め立てた。城主は、信長の異母兄であった。太原雪斎はこの異母兄を捕虜にした。そして織田家に交渉し、「そちらで人質にしている松平竹千代と交換しよう」と持ちかけた。

こうして家康は救出されたが、しかし、そのまま今度は駿河の今川義元の人質とされた。このときも、天野康景は供をして駿河におもむいている。かれは、「とにもかくにも、おれの主人は若君だ。身命をなげうって忠節をつくす」と思っていた。

やがて、桶狭間の合戦が起こった。今川軍は敗れ、松平元康と名を変えた竹千代は、岡崎城に戻って独立した。

間をおかず、三河地方に大規模な一向宗徒の一揆が起こった。この鎮圧には家康も苦労した。脇にいて、数々の手柄を立てたのが天野康景である。家康の康景に対する信頼心は厚くなった。

康景は家康よりも四歳年上だった。そんな関係もあって、少年時の家康は康景を兄のように慕っていた。

「どちへんなし」の天野三郎兵衛

一向宗徒を鎮圧したのちに、家康は、「岡崎三奉行」の制度を設けた。家康はこのときまだ二十四歳だったが、「治国の根幹は、民のくらしを安定させることにある」と考えていた。当時の大名としてはかなりすすんだ考えだ。これは、家康の生涯を通じての政治理念となる。かれは、「民衆の支持がない支配者は、必ず倒れる」と信じていた。家康ほどいわゆる〝世論〟を重んじた戦国武将はいない。

岡崎三奉行というのは、「領国内の民政を安定させるための奉行」である。

しかし家康は、この奉行を一人制にはしなかった。三人制にした。

役職を複数にするのは家康の生涯を通じた、「組織管理と人の使い方」の特性だ。徳川幕府の組織をみれば、これは歴然としている。老中・若年寄・大目付・諸奉行などの枢要ポストのすべてが、複数制であって単数制ではない。これが家康のいわゆる、「分断支配」であって、「人間の能力に対する限界」を家康がよくわきまえていたということを物語る。

岡崎奉行に選ばれたのは三人の譜代武士である。高力（こうりき）与左衛門清長・本多作左衛門重次。それに天野三郎兵衛康景である。この組み合わせをみて、岡崎の城下町の市民はこんな歌をつくった。

「ホトケ高力　オニ作左　どちへんなしの天野三郎兵衛」

高力清長はホトケのように心がやさしい。本多作左衛門重次はオニのように怖い。天野の〝どちへんなし〟というのは、「どっちでもない」ということだ。

ホトケの高力は、おそらく犯罪者に対してもやさしいだろう。オニ作左は、必要以上にきびしいだろう。そこで、「どっちでもない天野康景に、公平無私な判断をさせよう」というのが家康の人選に際しての考えであった。

このように、家康が自分の政治理念「民政重視」を、「まず、自分の拠点である岡崎から実行しよう」と考え、その奉行のひとりに天野康景を選んだということは、やはり家康がかれを高く買っていたからにほかならない。康景の、「つねに公平無私に物事を判断する」という誠実な姿勢が、岡崎奉行に適していたということだ。というよりも、ホトケの高力やオニ作左のほうがむしろ従であって、家康が考えた核になる奉行は天野康景だったといってよい。

しかし天野康景だけをあまり抜擢すると、周囲からの嫉妬や憎悪の念がわく。そこで、ホトケの高力清長とオニの本多重次を添えものにして、天野との「三人合議制」によって仕事が滑らかに運ぶことを期待したのだ。

岡崎奉行が発足した後、次々といろいろな法令が出された。法令はお触れといって、辻の高札に文面が書かれる。ところが、次々と出すお触れが一向に守られない。不思議に思った三人は、奉行所の役人に、「なぜ法令が守られないのだ?」ときいた。役人にも理由がわからない。

このとき重次が、「辻に立てた高札を引き抜いて持ってこい」と命じた。役人が高札を抜いて持ってきた。

ひと目みた重次は、「これではだめだ。文章がむずかしすぎる。漢字ばかりだ。市民に読めるはずがない」と怒った。そして文面を全部かな書きにした。

役人たちはあきれた。

高力清長が、「それは少し行き過ぎではないかな」とやんわり文句を言った。

このときどちへんなしの天野康景が、「いや、法令はやはりかなのほうがいい。内容がわからなくては守りようがない」と重次の応援をした。重次は、「天野どの、かたじけない」と礼をいった。重次はかなに書き直した高札の最後にさらに、「まもらぬと、さくざがおこるぞ」と書き加えた。

役人は抵抗した。

「こんなものはとても立てられません」

「うるさい、立てろ！」

重次はどなりつける。高力清長は弱った。天野康景は、「そのまま立てなさい」と役人を諭した。

役人は仏頂面で、高札をかついで辻にいって立てた。ところがおどろいたことに、翌日からたちまち市民が法令を守りはじめた。市民たちにきくと、「最後の、〝まもらないとさくざ（作左）がおこ（怒）るぞ〟というひと言が怖い」ということだった。

遅れた出世

関ヶ原の合戦が終わったのちに、天野康景は駿河東部の興国寺城で一万石の大名に取り立てられた。かれと同じような育ち方をした三河武士たちは、すでに家康が天正十八（一五九〇）年八月一日に江戸城に入ったときから、それぞれ戦略的要地で大名に取り立てられていた。それが、慶長六（一六〇一）年になってようやく一万石の大名になったということは、相当に康景の出世は遅い。なぜだろうか。

康景は、ほかの武士のように忠誠心の使い分けなどしたことは一度もない。いつも誠心誠意、「家康公のために」と生命を縮めるほど忠節をつくしていた。にもかかわらず、家康のほうはなぜか、このときまで康景を大名に取り立てることを渋っていたのである。

興国寺城は、小田原北条氏百年の基礎を築いた家祖早雲が最初に城主になったところだ。西国から放浪してきた早雲が、今川家の相続人問題に介入して、その功績により興国寺城をあたえられた。いわばこの城は、「出世城」といっていい。駿河東方に愛鷹山という山があって、その麓に城があった。

天野康景はこの城に入り、付近の土地を一万石分もらった。しかし、その後もかれは加増されていない。ずっと一万石で据えおかれた。

そして、慶長十二年に事件が起こる。関ヶ原合戦から七年後である。このとき康景はすでに七十歳になっていた。息子の康宗も成人して立派な武士に育っていた。

康景は、城のそばに立派な竹林をつくっていた。見事な竹をたくさん植え込んで大切にしていた。人にきかれると、「家康公のお役に立てたいからだ」と答えた。この竹林の見事さがしだいに周辺の噂になり、竹どろぼうがあらわれた。

康景は、「三交替で、番をせよ」と命じた。かれにすれば、「家康公からご要望があれば、すぐにでも切ってさし上げる」と考えている大切な竹林だ。それを、次々と盗まれたのではたまらない。そこで、「竹の番人」を設けたのである。

ところが、人間の心理というものは不思議なもので、相手が大事にすればするほど余計盗みたくなる。

どうしめし合わせたのかわからないが、ある夜近くの村の農民たちが大挙して、竹を盗みにきた。深夜のことである。

康景が命じた番人たちが、たちまち発見し、「この竹どろぼうめ！　懲らしめてやる」とばかりに打ってかかった。

農民たちは、数をたのんでやってきたのだが、康景が命じていた番人はすべて腕に覚えのある足軽である。散々に打ちのめされた。逃げ遅れた者は斬られ、ある者は傷を負って逃げ去った。

竹林騒動が生んだ波紋

ところがそのままですまなかった。このころ、家康は、「農民法度」という法を出していた。それには同じ農民でも、「天領（家康の直轄地）の農民は敬わなければならない。勝手に罰をあたえたり、殺したりしてはならない」と定められていた。竹を盗みにきた農民たちはこのことを知っていた。そこで、けが人を抱えながら天領の代官に訴え出た。

代官は井出正次といった。農民たちは、「天野康景さまの足軽たちに、こういう目にあいました」と、けがをした農民の傷をみせながら訴えた。井出は怒った。そこですぐ康景のところにやってきて、「天領の農民に傷を負わせた下手人を出してもらいたい」と要求した。

康景は笑った。

「おぬしは、あの農民たちがなぜ傷を負ったのか理由を知っているのか？」
「いや、知らない。何かあったのか？」
「あったどころではない。やつらは、先日の夜大挙しておれの竹を盗みにきたのだ。あの竹林は、おぬしも知っているとおり、おれが家康公のために栽培している竹だ。大事なものだ。それを盗もうとするから、番人たちが懲らしめたのだ。非はあの農民たちにある」

しかし井出は強情だった。このままスゴスゴと帰ったのでは、天領の代官の面目が潰れる。

「そのとおりなら、非は確かに天領の農民にある。しかし、農民法度によって、いま天領の農民はおぬしたちが勝手に懲らしめることができないことになっている。下手人を出して欲しい」
「ばかなことを言うな。第一、竹林を守っていた足軽はおれの命令に従ったまでだ。それが悪いというのなら、おれが罪を負おう」

井出は弱った。天野康景は普段から、「公平無私の武士」として名を高めていたからである。井出の矛先は鈍った。

そうなると、居丈高になって騒ぎはじめたのは、竹どろぼうたちだ。自分たちが負った傷のことばかり誇張して告げ、何をしにいったのかはほかには洩らさない。結局、「なんの罪もない天領の農民に、天野康景の家来たちが寄ってたかって乱暴を働いた」ということになってしまった。

このことは家康の耳にも入った。

家康が、「農民法度」を出したのは、しだいに高まりつつあったかれの勢威をより助長するためのものだ。家康にすれば、「農民法度といえども、おれの権威にかかわることなので誰もが守らなければならない」と思っていた。ところが、天野康景の家来である足軽たちが、寄ってたかって天領の農民たちを叩きのめしたときいたから、家康は不快に思った。

ついに城を捨てる

が、家康はまだ天野康景を信じていた。

そこで家康は腹心の本多正純(正信という説もある)に、「調べるよう」と命じた。

本多正純が天野康景のところにやってきた。正純は若い。そして、「家康公のもっとも信頼する腹心」の名を高めている。いわば、「虎の威を借るキツネ」的な自信を持っていた。

しかし誰がこようと、康景は考えを変えない。「あいつらは竹を盗みに入った罪人だ。それを懲らしめたことのどこが悪い？」と逆に正純をなじった。

正純は閉口した。正純もばかではないから、理路整然とした康景の話をきいてみれば、心の中では、（天領の農民が悪い）とは思う。しかしこのまま帰ったのでは小供の使いに終わってしまう。そこで口調を和らげ、「天野どの、わたしの顔も立ててください」と妙な方向から攻め立てた。

「おぬしの顔を立てるとは？」

「いまのわたしの立場はあなたもよくご存じのはずです。そのわたしが、このままスゴスゴと下手人を引き渡されずに戻ったのでは、笑いものになります。わたしの身にもなってください」

そう言った。泣き落しだ。康景は、眉を寄せた。

（若いのに、こいつはもうそんな政治性を身につけているのか）と不愉快になったからである。こういう生き方は康景のもっとも嫌うところだ。

そこで康景は、「おぬしの顔がどうなろうと、下手人は渡せない。どうしてもというならわたしがいく」と言った。

正純は慌てた。そこで、「いや、そんなムキになられては困ります。こうしたらどうでしょう。足軽たちにクジを引かせて、当たった者を下手人に仕立てては」と言った。

「ばかなことを言うな」

康景は怒鳴った。

「そんなことはできぬ。竹どろぼうの農民を懲らしめたのは、おれの命令だ。足軽は命令に従っただけで、なんの罪もない。何度も言うように、家康公がどうしても下手人を出せというのなら、おれが出る」

目を怒りに黒ずませて、そう言いきった。

本多正純はすさまじい形相になった。

「これだけ理をつくしても、あなたはおわかりにならないのですか」

「理などぜんぜんつくしてはおらぬ。おぬしは理不尽ないいがかりをつけているのだ」

「このまま家康公に報告しますぞ」

「しろ」

「どうなっても知りませんぞ」

正純は脅した。しかし康景はビクともしない。もはやそのときの康景には、「どちへんなし」というような、どっちつかずの態度はまったくなかった。完全に、「部下を守り抜こう」という気持ち一筋になっていた。

正純は戻ってこのことを家康に報告した。家康はいよいよ不愉快な表情になった。

「康景め、いつからそんな頑固になりおったのだ」とつぶやいた。

興国寺城では、このことをきいた足軽たちが心配した。ゾロゾロと康景のところにやってきて、こう言った。

「殿さま、クジを引いてわれわれの中から下手人を出します。それをつれて家康さまのところにお詫びにいってください」

「冗談言うな」

康景は表情を和らげて笑った。

「おまえたちはおれの命令に従っただけだ。その行動が悪いというのなら、それは命令した者の責任だ。家康公がどうしても下手人を出せというのならおれがいく。心配するな」

その夜、天野康景は仲のいい小田原城主大久保忠隣に手紙を書いた。「こういうしだいで、家康公がまわりの意見にたぶらかされて、無理難題をおっしゃる。しかし、自分としてはどうしても部下を下手人としてさし出すわけにはいかない。そこで責任者である自分が、城を捨てる。家康公に城を返上していただきたい。なお、城に残す足軽たちが絶対に罰せられないようにご配慮願いたい」

その夜のうちにかれは息子の康宗をつれて、城から脱出した。

二代将軍の推薦者として、大久保忠隣は当時大きな力を持っていた。幕府内の最大の実力者といってよかった。

天野康景の手紙を預かった忠隣は、翌日すぐ家康のところにいってこのことを報告した。そして、「康景に罪はありません。どうかかれを呼び戻していただきたい」と頼んだ。

家康もさすがに、「温厚などちへんなしの康景があそこまで頑張るのだから、やはり落ち度は天領の農民にあったようだ」と気づいた。しかし、「すぐ康景を許したのでは、今度はおれの面目が潰れる。ころあいをみて、呼び戻そう」と考えた。

主人に恥をかかせることはできない

その後、大久保忠隣は、懸命になって康景の行方を探した。しかしなかなか発見できなかった。やがて数年後、やっとみつけた忠隣は康景に、「おれの領内へこい」と言って、康景を小田原城近辺に匿(かくま)った。そして家康にこのことを告げ、「天野どのをどうかもう一度登用してください」と頼んだ。家康はうなずき、「おまえに任せる。康景をつれてこい」と言った。

喜んだ大久保忠隣はこのことを康景に話した。

が、康景は首を横に振った。

「家康公のところには戻らぬ」

「なぜだ？　家康公はおぬしを失ったことを後悔しておられる」

「だからこそ、余計おれは戻れぬのだ」

「頑固だな。おぬしも年を取ると、そこまで頑なになるのか？」

忠隣は声をあげた。ところが康景は静かに首を振りつづけて、こういった。

「おぬしはいま、家康公が後悔なさっているといった。そこが問題なのだ。つまり家康公はご自身ですでに自分の非を悟っておられる。そこへおれが舞い戻ったら、なんだ結局は天野が正しくて、家康公が過ちを犯されたのだということになる。家臣として、主人に恥をかかせることはできない。おれはこのままここで朽ちたい。迷惑だろうが、おぬしの城のそばに住まわせてくれ」

切々たる康景の言葉に、忠隣は胸が詰まった。(この男は、そこまで家康公に対し忠誠心を持っていたのか)といまさらながら胸を打たれたからである。

大久保忠隣は手ぶらで家康のところにいった。そして、「いったん発見して安心しておりましたら、天野のやつはまたどこかへいってしまいました。懸命に後をたずねましたがついに発見できませんでした。お諦めください」と言った。康景と語り合った内容についてはひと言も告げなかった。

家康は、「そうか」とうつむき、「せっかくの忠臣を失った。おれがばかだった」と口惜しそうにつぶやいた。その家康の姿を大久保忠隣はじっとみつめていた。忠隣の胸の中では、康景の、「自分が舞い戻れば、主人の家康公が過ちを犯したことになる。それを天下にさらすことなどとうていできない」と言ったあの言葉が、しきりに渦を巻いていた。

大久保忠隣に匿われた天野康景は、慶長十八(一六一三)年に死んだ。七十六歳であった。

「おれほど人の使い方のうまい人間はいない」とうぬぼれていた家康も、天野康景のようにシンプルで誠実に忠誠心をつくし抜く男の、本心をついに見抜くことができなかったのである。

しかしこれは天野康景のケースだけではない。直線的な忠誠心を持つ三河武士は、康景のほかにもたくさんいた。しかし、得てしてそういう武士はあまり立身出世はしていない。家康の心の中には、こういう武士を苦手とし、どこか退けるような複雑な心理があったのだろう。

「裏切った過去」を負って生きる　本多正信

EQとIQ

日本にはあまり定着しなかったが、アメリカで発生した〝EQ〟という考え方が、一時期日本の経営者の間で流行した。EQというのは、「心の指数」のことだそうだ。日本ではIQが重んじられてきた。いい学校へ入り、やがて、「安定した優良企業へ入社する」ということを目的に、主として親側がしゃかりきになって子供の教育に熱を入れたからである。だから、IQが本来〝知能指数〟を示すものであるにもかかわらず、これが子供の将来に直結して、「学力社会でなく学歴社会」をつくり上げてしまったのである。

EQというのはこれに対する反対運動で、具体的には、「相手の立場に立ってものを考える」という、いわば他人に対するやさしさや思いやりを核とした指数である。方法としては、「相手の立場に立って、自問自答をくり返す」ことをおこない、それに対する評点によって、「EQが高い・低い」を決める。

これを企業経営になぞらえてみれば次のようになる。

一　あなたは客の立場に立ってつねに経営を考えていますか？

これに対し、自らの答えとして、「考えています」と言えば、五点制で最高の五点。

二　では、あなたは客のニーズ（要望・要求）をすべて把握していますか？

という設問に対し、「はい、把握しています」と答えれば、これも最高点の五点。

三　では、あなたの企業で客の求めるものをすべて提供できますか？

という設問に対し、「できません」と答えれば、これへの評点はちょっと保留。

なぜかといえば、

四　提供できないニーズに対し、どのように対応していますか？

という問いが次にくるからである。

これに対し、「わが社で提供できない品物やサービスは、競争企業ではありますがA社を紹介して、客の需要を満たすようにしています」というような答えがくれば、これは、「競争企業を紹介するとはなかなか度量が大きい、立派だ」ということで、これも五点。

さらに、「しかし他企業に任せるだけではなく、わが社でも客の求めるものを提供できるように研究開発に努力しています」というような付言があれば、さらにその点数には磨きがかかる。

というようなことで、このEQ法というのは決して悪いことではない。

家庭で、「あなたは親としてつねに子供の立場に立ってものを考えていますか？」とか、職場で管理職に対し、「あなたは、いつも部下の立場に立ってリーダーシップを発揮していますか？」、あるいは学校で先生に、「あなたはつねに子供の立場に立って教育をおこなっていますか？」などという問いかけが可能だし、同時にこれは今の世の中でもっとも大切なことだ。

筆者は、「なぜこんないい方法が、日本に定着しなかったのだろうか？」と疑問に思っている。おそらくEQの受け止め方、あるいは一部におけるかたよった解釈の仕方が、結局は経営者にそっぽを向かせてしまったのにちがいない。筆者自身は、いまでもこのEQを自分の作品活動の上で活用している。

EQ活動で家康につくす

徳川家康の家臣の中で、本多正信はまさにこの、「EQ活動によって、主人に忠誠をつくす」ということを貫いた人物であった。

かれはつねに、

一　おれは、つねに家康公の立場に立ってものを考えているか

二　そうだとすれば、家康公が把握している国民のニーズ（要望、場合によっては野望）を、部下としておれも完全に把握しているか

三　家康公自身が、やりたくてもやれない、あるいはやりたくないニーズというのはいったい何か

四　それをおれが代わってやるとすれば、どのような方法があるか

という方法論を持って、最後の最後までつくし抜いた忠臣である。

徳川家康は、「タヌキおやじ」といわれる。しかしこれは、家康が若いころから被った悪評ではない。晩年の、とくに大坂城の豊臣氏を滅ぼす過程において、数々の謀計を駆使したことからつけられた汚名だ。

それまでの家康は、「律儀な徳川殿」あるいは、「がまん強い徳川殿」として、その誠実な生き方は日本の大名の間でも有名だった。豊臣氏を滅ぼす段階になって、やはり年齢のせいか焦りが出たのだろう。

しかし、これらの謀計をおこなったのは、ほとんど本多正信を先頭にした、家康

のいわゆる〝多才なブレーン〟の群れである。

それまでは慎重にことを運んで、少なくとも、「タヌキおやじ」だの、「狡猾な家康」といわれないようにつとめてきた家康が、突然自分に対する悪評や汚名を一身に受け止めようという態度を取りはじめたのは、おそらく将軍職を譲った二代目秀忠のことをおもんぱかってのうえだろう。いってみれば、「この世における悪評や汚名はすべて自分が背負って、あの世へ持っていこう」と考えたのだ。

「息子の秀忠は、あまり悪評や汚名に対して強い抵抗力は持っていない。そんなことがあれば、おそらく傷ついて、深く考え込んでしまうだろう」という親としての配慮もあった。

同時に、「おれの場合は戦国時代を走り抜けてきて、いろいろやりたくないこともやったし、他人も傷つけた。秀忠にはそういう思いをさせたくない。そうしなければ、二代目将軍の権威に傷がつく」と、征夷大将軍職の純粋性を考えたのかもしれない。

いずれにしても、大坂の陣前後において、徳川家康は、「悪評に対して完全に無防備な姿勢」を保ったのだった。

一向一揆で家康を裏切る

大坂城を炎上させ、豊臣氏を滅ぼした直後の元和二（一六一六）年四月に、家康は七十五歳で死んだ。その二ヶ月後、本多正信もまるで殉死するかのように死ぬ。七十九歳であった。

しかしそれではなぜ、本多正信はこのEQ方式によって、家康に対する自分の忠誠心を披瀝しつづけたのだろうか。

最大の理由はなんといっても、永禄六（一五六三）年に、三河（愛知県）で起こった一向一揆の際に、かれが長年仕えてきた家康を裏切ったことによる。

永禄六年といえば、その三年前に織田信長が、尾張国桶狭間で今川義元の軍を打ち破り、その首を取ってから間もないころである。

このあと、家康は今川家をみかぎり、織田信長と同盟を結んで独立した。名も元康を家康と変えた。当時小さな大名が独立することは、現在でいう地方自治の確立と同じで、「必要とする財源は自ら調達しなければならない」ということだった。一番手っ取り早い方法は年貢の増徴や、あるいはいままで税のかかっていない聖域

（寺や神社など）から、年貢を徴収することだった。

独立直後の家康は、かなり強引にこの年貢増徴をおこなった。そのために、一向宗徒が一揆を起こしたのである。

直接の原因は、家康の家臣菅沼定顕（すがぬまさだあき）が、上宮寺という寺から兵糧米を強制徴発したことによる。上宮寺は、一向宗の〝三河三箇寺〟のひとつだ。三箇寺とは、野寺の本證寺、針崎の勝鬘寺（しょうまんじ）、佐崎の上宮寺のことだ。

三河地方は、近畿・北陸などとならんで、浄土真宗（一向宗）がいきわたった地域である。

三河において、真宗教団が力を発揮した対象は、主として土豪的な武士や、名主、あるいは農民層である。これら一向宗徒は、領主への年貢納入よりも、自分たちがたのみとする寺への寄進を優先させた。だから領主にとっては財政的にも、また秩序維持のうえでもはなはだ困った存在であった。

家康は独立したものの、「一向宗徒をなんとかしなければ、真に独立したとはいえない」と考えた。その意味では、表面上は家臣の菅沼定顕が、上宮寺から強制的に兵糧米を徴発したことが発端だといわれるが、裏では案外家康も承知のうえだったかもしれない。いってみれば、「一向宗徒を弾圧するための挑発行為」だったかもしれないのだ。そのへんはわからない。

立ち上がった一向宗徒は、「すすめば極楽、退けば地獄。南無阿弥陀仏、南無阿弥陀仏」という合い言葉を合唱した。

家康はおどろいた。これほど三河地方に一向宗徒の勢力が強く根を張っているとは思わなかったからである。

このとき、本多正信は家康の家臣ではあったが、一向一揆の一方の隊長として活躍した。

しかし主人の家康が出陣してくると、クルリと後ろを向いて逃げ出した。「主人には刃向かえない」というのである。

家康は強引に一揆を鎮圧した。そして、拠点となっていた寺々を全部焼き払ってしまった。家康の決断に、宗徒たちは沈黙した。本多正信は一時期、大坂方面へと逃げた。そして、梟雄（きょうゆう）といわれた松永久秀に仕えたこともあるという。

久秀は、正信についてこんな人物評をおこなっている。

「徳川家の侍をたくさん知っている。多くは武辺一辺倒の武骨な連中だ。ところが本多正信に限って、非常に柔軟なものの考え方をするし、同時に人品も卑しくない。尋常の人物ではなかろう」

さすがに久秀は正信の本質を見抜いていた。

ところが正信のほうはすぐ久秀を見限った。理由は、「品格がない」ということだった。

品格がない、卑しい人間だというのは、正信の政治家に対する理想がやはり「王者（仁と徳によって政治をおこなう人物）」にあって「覇者（権謀術数によって、自分の権力を高めるために民衆を支配する者）」ではなかったということだ。家康は王者であり、久秀は覇者だったのだ。

そう考えてみると、正信は一旦はそむいたものの、しだいに旧主人の徳川家康が懐かしくなってきた。少なくとも家康の人品は卑しくない。生まれながらの王者の風格があった。

しかし、一向一揆の先頭に立ってそむいた以上、いまさらおめおめと三河に戻るわけにはいかない。松永久秀を見限った正信は、北陸方面へ流れていった。北陸方面も圧倒的に一向宗徒の勢いが強い。「三河で、一向宗徒の隊長を務めた」ということで、正信は歓迎された。ズルズルとそのまま北陸の宗徒とくらしをともにした。この間約十九年だといわれる。

大久保一族と本多正信

帰参した正信の最初のポストは鷹匠（たかじょう）だった。家康が鷹狩りをおこなうときに、鷹を掌の上に乗せて供をする役である。普段は、鷹の飼育にあたる。いたって低い身分の武士だ。したがって、収入もそれほど多くはない。

正信は、家康の一揆鎮圧の勢いが増したときに、家族を三河におき捨てにして逃亡した。家族はたちまち生活困窮に陥った。

これを温かく世話したのが、大久保忠世である。忠世の末弟が有名な彦左衛門忠教（ただたか）だ。

のちに彦左衛門は『三河物語』を書く。この本は、「徳川家の正しい歴史書」として、今日資料的価値を高めているが、彦左衛門の本心はそんなところにはない。

それは、本多正信とその息子正純によって陥れられた大久保家の衰微を悲しんで、「いまの将軍さまは、数々手柄のあった大久保家をないがしろになさり、口先だけで生きている本多家を重くお用いになっている。こんなことでいいのだろうか」と、私憤・公憤入り交じった憤慨の書といってよい。

この本の中で、彦左衛門は三河脱走後の正信の家族を、兄の忠世がなにくれとなく面倒をみたとして、以下のように書き残している。

「佐渡守の家族を兄忠世は、朝夕扶養した。正信の妻や子を養い、塩、みそ、薪にいたるまで助けあたえてやった。一向一揆のときに、正信が神君家康公に敵対し他国へ駆け落ちしたのちも、あとに残された妻子を養ってやった。やがて、家康公にとりなして正信の帰国をかなえてやった。にもかかわらず、その恩を忘れて正信は忠世の子忠隣(ただちか)を陥れた。ふつうの人間なら、そんなことをするはずがないのに正信があえてそういうことをしたのは、いったいどういうことだろうか」

彦左衛門はさらに、「いま、幕府で出世する武士」と「出世しない武士」を分類し、「出世する武士」として、次のような条件をならべている。

一 主君を裏切り、主君に弓を引く者
二 卑怯(ひきよう)なふるまいをして人にあざ笑われるような者
三 世間体のよい者
四 ソロバン勘定がうまい者
五 出身がはっきりしない者

逆に「出世しない武士」として次の五条件を挙げる。

一　絶対に主君を裏切らない者
二　合戦だけに生きる者
三　世間づき合いがヘタな者
四　およそものごとに計算をしない者
五　最後まで主君に忠節をつくしつづける者

一読してわかるように、彦左衛門のいうのはアイロニーであって、本来は逆でなければならない。しかし彦左衛門のみた、「当世武士気質」というのは、あきらかに逆転していた。そして、「現在出世する武士」として挙げた五条件はすべて、本多正信に当てはまるものである。逆に、「出世しない武士」として挙げた条件は、彦左衛門をはじめとする大久保一族の気質を挙げたものであった。

家康への悪罵を一身に受け止める

それほど大久保彦左衛門は、本多正信・正純父子を憎んでいた。だからこの原稿の最初に書いた、正信が、「家康公に投げつけられる悪評や汚名のすべてを、自分が弁慶のように受け止めよう」と考えた〝つぶて〟は、大久保彦左衛門に代表される側からのこうした悪罵であった。正信はそれを正面から受け止めたのである。

しかし、彦左衛門の投げつけるつぶての多くは、本来なら家康に投げつけられるべきものであった。つまり家康の政治が、時世が変わるにつれてどんどん変質していったからだ。そうなると、家康が自分の家臣団に対して持つ、「これからの期待される家臣像」というのもどんどん変わる。

家康は人事管理の名人だったから、だからといってそれが露骨にみえるような切り捨て方はしない。本人が、「知らないうちに切り捨てられていた」、あるいは「気がつかないうちに窓際族にされていた」と、後日気がつくようなやり方をとる。しかしこれは家康ひとりがやったわけではなく、当然脇に推進役がいる。本多正信が積極的にその推進役をかって出た家臣だった。

大久保彦左衛門が非難した本多正信の特性を現代風にいえば、「経営感覚にすぐれ、算勘の術にも巧みであった」ということになる。

しかし総体的には、「武士は食わねど高楊枝(たかようじ)」という気風がまだまだみなぎっていた時代だから、ソロバン勘定にうつつをぬかすような武士は当然ばかにされる。

しかし、正信にすれば、「家康公は、なによりもこの国の平和化を願っておられる。そんなときにいつまでも、やあやあ遠からん者は音にもきけなどと合戦場のわめき声を上げつづけたり、あの合戦ではこんな手柄を立てたなどと、思い出話にひたっているような武士では困る。今後は、読み書きソロバンがきっちりできる武士でなければ、とても家康公の理念を日本で実行することはできない」と、マクロな政治理念の実行者としての自覚を持っていた。

この正信のような自己変革をおこなえる武士こそが、家康の期待する家臣団であった。これが大久保彦左衛門には理解できなかった。あいかわらず、「おれは初陣の鳶ヶ巣山でどうのこうの」などと言っている。

これはいまだに、なくなってしまった軍隊時代を偲んで、集まっては酒を飲んで、「きさまとおれとは同期の桜」などと、軍歌を歌ってありし日の追懐にひたるのと同じことである。

本多正信には、そういうセンチメンタリズムはない。ドライに割り切る。正信自身あまり合戦は得意ではなかった。武功を立てた実績もない。

しかし正信は、若い世代のように、「合戦（戦争）なんて知らないよ」と自分たちの若さを誇るようなこともしなかった。武功派の功績や、心情はよく理解していた。が、「これからは、そういう追懐だけではやっていけない」という先見性も持っていた。

江戸の縄張りで異才ぶりを発揮

本多正信がはじめてその本領を発揮したのは、天正十八（一五九〇）年のことである。

この年、関白太政大臣豊臣秀吉は、勅命に従わない小田原城の北条一族を討伐した。天皇の名において逆賊を討ち果たすという態度を示したのである。

本来は、秀吉自身に臣従しない北条一族を討伐しただけのことだが、それを露骨に出すと、「成り上がり者の秀吉が、自分の言うことをきかない大名を片っ端から滅ぼしている」と非難される。

そこで秀吉は、北条征伐に先立ち、「京都にきて、土地争いの合戦はいたしませんと天皇に誓え」と全大名に命じた。しかし、秀吉の出自を知る大名の中には、「成り上がり者が何を言うか」とこれを無視する者がいた。薩摩の島津、四国の長宗我部、陸奥の伊達、そして小田原の北条などがそうであったが、しかし、島津や長宗我部はその前にすでに征伐され、陸奥の伊達も、あわてて小田原征伐にとんできた。残るのは北条氏だけであった。

この討伐戦の最中、秀吉は突然、徳川家康の現在の領地を没収した。代わりに、「討滅後の北条氏の旧領をあたえる」と告げた。さらに、「拠点は江戸城になさるがよかろう」と助言した。

そこで天正十八年八月一日、北条氏が滅んだ直後、家康は江戸城に入った。当時の江戸城は、北条氏の支城のひとつだったが、建造物の屋根はカヤ葺であり、堀に渡した橋は船板というお粗末さだった。

さすがの本多正信もこれをみて、家康に、「まず、城の改築からはじめましょう」と進言した。

ところが家康は首を横に振って、「それよりも、城下町の建設が先だ」と告げた。そして、「おまえが縄張（設計）をして、江戸の城下町をつくれ」と命じた。

一向宗と深く交わった経験が役立ったのだろうか、この江戸の城下町づくりに本多正信は異常な能力を発揮した。単に設計や建設だけでなく、飲み水の確保や、ゴミの処理などの細かい点にまで気を使った。

これが家康を喜ばせた。

（鷹の世話をしていた正信に、こんな才覚があったのか）と、正信の異能を発見し、注目した。

正信は、その功績によって鎌倉幕府以来の枢要な地である相模甘縄(あまなわ)で、一万石の大名に取り立てられた。

大久保忠隣の台頭

一方、かれの留守中に長年家族の世話をしてきた大久保忠世は、滅ぼされた北条氏の後をうけ、小田原城で四万五千石の大名に取り立てられた。小田原城は、東海道から攻め上る敵をくい止める重要な戦略拠点である。これを任されたということは、いかに家康が大久保忠世を高く評価していたかを物語る。

忠世は、江戸城本丸の工事にも積極的に参加し、すでに六十一歳の高齢であったにもかかわらず、率先して土運びのもっこを担いだ。家臣たちは感動し、「殿にもしものことがあってはならぬ」と、主従一体となって工事に励んだ。

それが原因になったわけではないだろうが、やがて忠世は文禄三(一五九四)年九月十五日に、六十三歳で小田原城内で死ぬ。後を継いだのは、息子の忠隣である。家康は、忠世の生前の功績を偲び、忠隣に二万石加増した。忠隣は六万五千石の大名になった。四十二歳のときのことであった。

その忠隣が、メキメキと頭角をあらわしはじめた。きっかけは、「徳川将軍家の後継者指名」である。

家康はあるとき、榊原康政、本多忠勝、井伊直政、平岩親吉、本多正信、大久保忠隣などの近臣を集めて、「わしの跡継ぎには、誰がふさわしいか」と諮問した。当時後継者として目されていたのは、結城秀康、松平忠吉、徳川秀忠の三人である。結城秀康は英明との世評が高く、松平忠吉は徳川一門でただひとり関ヶ原の合戦に参加した果断の武将である。秀忠はその関ヶ原合戦に後れをとったが、温順な人と評された人物だった。

近臣の意見は三つに分かれ、なかでも秀康を推す者、忠吉を推す者に大きく分かれた。

ところが大久保忠隣だけが、「これからの将軍家には、温順で徳望の高い秀忠さまこそふさわしゅうございましょう」と言った。

家康は迷った。「みんなの意見はわかった。ちょっと猶予期間をおこう」といって数日考えた。

やがて近臣たちを呼んで、「忠隣の意見をとり、秀忠とする」と宣言した。

こうなると、そういう噂がどんどん江戸城内に広まる。つまり、「次期将軍の推薦人は、大久保忠隣様だ」と噂され、「これからの江戸城内最大の実力者は大久保どのだ」ということになった。

人事や予算の要望なども含めて、しきりに忠隣を訪れる者が増えた。忠隣は親切にこれらの連中に接した。

こうして秀忠が二代将軍になったわけだが、現実には有名な「二元政治」がおこなわれ、実権は家康が握っていた。

二元政治というのは、徳川幕府がおこなうべき政策立案はすべて隠居した家康の下に集まった多才なブレーンが知恵をしぼり出しておこなう。それを江戸城に伝えて、秀忠政府に実行させる。いってみれば、「頭脳は駿府城にあり、江戸城は手足にすぎない」ということだった。

この駿府機関の知恵を江戸城に伝えたのが正信の子本多正純である。江戸城で受け取ったのが父の本多正信である。いきおい、本多父子の勢威はいやがうえにも高まった。

武功派閥潰しの深謀

これに反発したのが大久保忠隣だ。忠隣は秀忠の脇にピタリとついて「大御所（家康のこと）さま亡きあとは、必ず秀忠さまに独創性ある政治を展開していただこう」と考えていた。当然、本多父子との間に対立が生まれた。大久保忠隣にすれば、「本多正信は、わが父忠世にはずいぶんと世話になったはずだ。恩をわきまえているはずだ」と思っている。

しかし正信のほうは違った考え方をしていた。それは、「いまの大久保どのは、しだいに武功派の代表になりつつある。危険だ」というものだ。

武功派というのは、いうまでもなく、いつまでたっても、「あのときの合戦では、これこれの手柄を立てた。わが家の家系はこういう立派なものだ」など、家系や合戦の手柄話にうつつをぬかしている連中のことである。ろくな仕事もしないし、できない。いまの江戸城内を仕切っているのは、本多正信を先頭に立てた、いわば文治派というべき経営官僚だ。

忠隣と本多父子との対立は、ときを経るにつれて深まっていった。ふつうの人間なら、恩人のやることに対しては多少遠慮しただろう。が、正信は遠慮しなかった。

城内での、「大久保忠隣と本多父子の対立がいよいよ険しくなってきた」との風評を、逆に利用した。

ということは、正信は心の中で、(大久保忠隣を先頭に立てる武功派を叩き潰さなければ、家康公の政治理念は実現できない)と考えていたからである。

いまの正信は完全に、「家康公の分身となろう」と思っていた。ということは、「おれは家康公の一部であって、本多正信そのものではない」ということだ。したがって本多正信に対して投げつけられる非難のつぶても、いっさい甘受する。

つまり正信の考えでは、「本多正信などという武士はもはや存在しない。本多正信は、すでに家康公の肉体の一部と化している」ということだった。

そうなると、必然的に最初に書いた「EQ的発想」をとることになる。そして「自分にできること」はどんどん実行する。それに対する批判や悪評などいっさい気にしない。

「家康公の手足として実行しているのだから、そんなことを本多正信個人に立ち返って気にする必要はない」ということでもある。

「わしはすでに死んでいる」

その後正信のおこなったことで有名なのは、

- 関ヶ原合戦時の、石田三成への挑発
- 合戦終了後の石田三成の処刑
- 京都方広寺の鐘銘に対し、大坂城側にいちゃもんをつけたこと
- 大坂冬の陣で講和条件だった、大坂城の外堀を埋めるときに、息子正純に内堀まで埋めさせたこと
- 豊臣秀頼とその生母淀どのに対し、助命の声が起こったときもこれを黙殺し、積極的にふたりのこもった蔵を砲撃させたこと

などである。

いってみれば、「格好いいふるまいは主人に、悪評を被るようなおこないは自分が」という方法を取ったのである。「主人には功績を、自分は苦しい行動を」と区分した。これが本多正信の、「主人家康に対する忠誠心を示す方法」であった。おいしいところはすべて家康に、まずいところは自分が全部引き受けるという態度だともいえる。ＥＱ方式を活用したともいえるが、やはり正信の根のところには、「永禄六年における、三河の一向宗徒に加担した償い」の気持ちがあったのではなかろうか。これが正信の生涯の生きる方針になった。
家康が死んだとき、周囲の者は、「本多どのは殉死なさらぬのか？」ときいた。

当時は誰がみても、

「家康公がもっともご寵愛になった家臣は、本多正信である」ことがはっきりしていたからである。

ところが正信は笑って首を横に振った。

「腹は切らぬ」

「なぜか」

まわりから意地の悪い問いがとんでくると、正信はこう答えた。

「わしはすでに死んでいる」

まわりの者は顔を見合わせた。正信の言葉の意味がわからなかったからである。

しかし二ヶ月後に、正信は死んだ。正信にすれば、「おれはとっくに死んでいる。家康公の分身になったときに、本多正信の存在はこの世から消えたのだ。殉死はあの日におこなっている」と思っていた。したがって、家康の死後二ヶ月後に死ねたということは、かれにとっても本望であり、同時に幸福なことであったにちがいない。

非情に切り捨てられた「幕閣の実力者」　大久保忠隣

大久保忠常の死

「江戸と大坂の手切れ近し」といわれて、日本の空に再び戦雲がただよいはじめた慶長十六（一六一一）年十月十日に、徳川幕府の功臣大久保忠隣（ただちか）の長男加賀守忠常が死んだ。三十二歳である。

「いま、徳川幕府を二分する実力者のひとり」といわれた大久保忠隣の息子なので、江戸城内に詰めていた者たちはじめ、領国に帰っていた大名たちも「通夜や葬儀にはいかなければなるまい」ということで一致した。

忠常は武蔵騎西（きさい）（埼玉県）二万石の領主であったにもかかわらず、このとき小田原城にいた。小田原城は、父忠隣の居城である。忠常は功臣忠隣の息子なので、そういうわがままが許されていたのだ。病気になって以来、ずっと小田原城で療養していた。

これに対し文句を言いつづけたのが、幕府内のもうひとりの実力者本多正信と息子正純だ。

大久保忠隣と本多正信・正純父子の反目は、もはや誰ひとりとして知らぬ者はなく、「いずれが先に倒れるか」と、まるで競技をみるような関心を持つ不心得者さえいた。それほどまでに両者の争いは激しく、頂点に達していた。

これに対し、現将軍の徳川秀忠も、父家康も何も言わなかった。おそらくふたりとも心の中では、「大坂との手切れが間近いのに、大久保も本多もいったい何をやっているのか」と眉をしかめていたにちがいない。

しかし、人間関係にはある種の〝運動法則〟がある。ころがりだすと止まらない。大久保・本多の争いもそうだった。家康や秀忠が「バカなことをするな」と怒ったところで、両者の間に生まれた〝運動法則〟は、いかなる勢力も手出しができない。派閥争いはひとり歩きをし、いわば大きな川が海へ達するまでに流域の中小河川を飲み込んでいくようなものだ。その力はしだいに巨大化していく。

本多父子が「大久保殿のふるまいは公私混同だ」と息巻いたが、そんなことにはおかまいなく忠常死去の報に大名や旗本たちはどっと小田原城に押しかけていった。

自立をはかる二代将軍

死んだ大久保忠常は、二代将軍徳川秀忠に愛されていた。

秀忠は慶長十年に将軍職を継いだが、父の家康は実権を離さなかった。

そのために秀忠は、「駿府城の言いなりになっている主体性のない将軍」、あるいは「親に似ない不肖の息子」と悪口を言われ、ぼんくら扱いをされた。

やる気がある秀忠はこれが悔しい。そこでかれはひそかに、「自分なりに、二代目将軍としての特色を出したい」と考えた。

この秀忠の心理を微妙に察したのが忠常だった。忠常は秀忠より一歳年上で、ほとんど同年である。そういう親しみもあって、秀忠は忠常を愛した。

忠常は秀忠に、「経験者の話をきくような集まりをお持ちになってはいかがでしょうか」と進言した。

いくら秀忠が、「自分らしさを発揮したい」と言っても、言い出すことが駿府城の父家康に背くようなことであれば、まわりが承知しない。「何のおつもりで、そのようなことをなさるのですか?」と目をむかれることは目にみえていた。

それでなくても、二元機関が成立したときに、父家康は駿府城には本多正純を、江戸城には本多正信をおいた。駿府城と江戸城の連絡役である。江戸城の本多正信はまさに、秀忠の監視役であった。したがって、うかつなことはできない。

しかし秀忠が、「細かいことをいちいち駿府に伺って、父上のお話をきくのは恐れ多い。身近なところで、古い人々の経験話をきき、参考にしたい」と言い出せば、家康も別に文句はあるまい。

秀忠は手続きを重んじる律儀な男だ。大久保忠常の申し入れを良しとし、連絡役の本多正信に、「今後、こういう会を設けたい」と根回しをした。正信は実をいえば、このころ秀忠に好感を持ちはじめていた。というのは自分の息子正純があまりにも才気に走り、多くの先輩をないがしろにしていたからである。日に日に悪名が高まっている。

正信は、「悪名はおれひとりでたくさんだ」と思っていた。かれは完全に家康の一部となって、その一挙手一投足に同化していたので、名誉や収入などにはまったく目を向けなかった。だからしばしば家康にも、「わたしが死んだ後、わたしの収入はそのまま息子にあたえないでいただきたい。あいつはあいつで、自分の功名によって収入を得るべきです」と告げていた。世襲はさせないという腹である。

秀忠の心痛

そんな本多正信が、ひそかに秀忠をみると、(誠に温厚で人望が厚い。まさに、太平の世に適した主君だ)と思われる。だから秀忠が、「経験者の話をききたい」と言うと、「たいへんに結構なことでございます」と大きくうなずいた。

本多正信は漢籍の素養が深い。著書もある。政治行政の指南書として有名な『本佐録』は、かれの書いたものだと伝えられている。

この中に家康のものとして伝えられる有名な言葉がある。「農民は生きぬように死なぬように」という意味の税金徴収術のコツである。正信にはそういう面があったのだろう。しかしその正信の考えは、後世徳川家康の意見にされてしまった。家康と正信がそれほど一体化していたということの証明でもある。

正信は秀忠が新しく設ける集いを、「談伴の会となさったらいかがですか」と自分で会の名をつけた。

秀忠はほほえんだ。

「談伴の会か、なるほど、いい得ている」

秀忠には意外だった。

大久保忠隣は「秀忠さまを将軍に推し上げた実力者」ということになり、本多正信はその逆な立場に立たされたからである。

いままでの本多正信は、「家康公の懐刀」といわれてきた。その本多正信が、徳川家の後継者推薦争いで敗れた。したがって正信が、ある種の遺恨を抱いたことは間違いない。そうなると、大久保忠隣の言うことやることに、いちいち緊張感を持って対した。はっきりいえば「あら捜し」をはじめた。

しかし正信は、何も私怨を晴らすためだけに大久保忠隣の言行をみはったわけではない。

「徳川家のためにならぬようなことをしたときは、たとえ大久保でも絶対に容赦しない」という態度である。徳川家のためにならぬというよりも、家康のためにならぬというのが、正信の判断基準であった。

その正信が珍しく、秀忠の案を全面的に支持し、しかも「談伴の会」と名づけてくれた。そのことに、秀忠は胸を温めた。かれは人がいい。

周囲では、「大久保対本多」の争いを、興味深くみつめているが、秀忠は心を痛めていた。自分の身近なところで、そんな争いが起こることをかれは好まない。秀忠にすれば、「そんな争いは、まったく建設的でない。お互いに労力を費やして疲れるだけだ」と思っている。はっきりいえば、「そんな暇があったら、もっと仕事をしろ」ということである。

立花宗茂と「談伴の会」

新しく設けた談伴の会はくだいて、「話をきく会」と呼ばれた。かつて名族名門であったが、いまは落ちぶれてかろうじて生き残っているというような家の子孫を呼び集めた。この仕切りをおこなったのが、大久保忠常である。

忠常は武蔵騎西の領主だったが、ほとんど江戸城に勤務していた。少年時代から秀忠の補導役であった父が、幕府の老職に栄転したので、代わりに秀忠の身近な面倒を息子の忠常がみるようになったのである。

秀忠は忠常を片時も離さなかった。そのため忠常は、「少しでも、秀忠さまのおためになるような人物を探してこよう」と思い、名族の子孫や、あるいは落ちぶれた大名たちなどを積極的に江戸城内での談伴の会に呼んだ。

そのなかには、かつて父家康に敵対した人物もいた。立花宗茂もそのひとりだ。

宗茂は、筑後柳川十三万石の領主だったが、関ヶ原の合戦で石田三成の西軍に属し、勇敢に戦ったので戦後処罰され、所領を没収されていた。一時期は、肥後の領主加藤清正の客分になっていたが、いつまでも居候をつづけていると加藤家に迷惑がかかるというので、二十人の部下を率いて京都に出、さらに江戸に出てきた。

大久保忠常が立花宗茂を、「談伴の会に呼びましょう」と言ったのは、宗茂の部下たちが虚無僧や労務者に身をやつして、稼いだ賃金で主人を養っていたからである。

宗茂自身は何もしない。毎日本を読んだりブラブラ散歩をしたりしていた。これが有名になった。つまり、「立花家の家中は、労務者に身をやつして失業した主人を養っている」といわれた。

話をきいた秀忠は非常に関心を持った。

「いまの世の中に、そんな美しい主従愛があったのか」と受け止め、宗茂を呼んだ。

宗茂は淡泊な大名だった。思うことをズケズケ言った。そして、「かつて、お父上に敵対したことは心からお詫びを申し上げます」と悪びれずに謝罪した。

その態度が実に嫌味がないので、やがて秀忠は駿府城の父に話し、立花宗茂を奥州棚倉一万石の大名に復帰させた。やがて家康が死んだ後、秀忠は宗茂を旧領柳川十万石余の大名に戻す。こんな例はほかにない。これもいわば、「秀忠らしさ」のあらわれである。そのきっかけになったのが、この談伴の会だった。

江戸城内がカラになる

大久保忠常は、本多正信が徳川家康の心身の一部になったように、秀忠の一部になりきっていた。その忠常が死んだ。しかも父忠隣は幕府最大の実力者だ。江戸城にいた大名はもちろんのこと、国もとにいる大名も江戸にいた家臣に、「ただちに小田原城に赴いて、忠常どのの霊前に供物を供えよ」と命じた。

旗本など、江戸城をカラにして小田原城へ押しかけた者が数百人もいたといわれている。そのため、江戸城はガラガラになり、政務が止まった。

このありさまに、本多正信はキリキリと歯を嚙み鳴らし、息巻いた。

このときの状況を記したいくつかの記録がある。『台徳院（秀忠の法号）殿御実紀』には、「十日大久保加賀守忠常小田原城に於て卒す。……諸人志たしみ志たひ、其の死を聞て諸士官長へも訴へず、小田原へはせ参るもの引きもきらず」とあり、『当代記』では、「十月十日大久保加賀守忠常小田原に於て卒去す。年三十二歳。是れ御当代無双の出頭人にて、其の恩恵を蒙る人々余りに多くこれ有り。今度死去を聞いて驚き、其の支配方の頭々にも達せずして小田原へ馳せ行く者数百人、道もさりあえぬ程なり。何れも自由の見舞の由、御咎めこれ有り、閉門仰せつけらるる者数多くこれ有り」と書かれている。

さらに『武徳編年集成』では、「十月十日、今日大久保加賀守忠常三十二歳にして卒す。台徳公無双の寵臣。天資柔和にして諸臣是を崇みける処、夭亡せしかば甚哀慕の余り、老臣に達することを懈り、各小田原に群参し、父忠隣が愁傷を慰め問ふ」とある。問題はいずれの文章にも、「上司に断らないで」勝手に小田原へ駆けつけたと記されていることだ。

当時の武士の気持ちにすれば、「小田原城にいくのは当り前で、上役もいちいち咎めはすまい」という思いがあったのだろう。

本多正信はこの現象に対して怒ったのだ。つまり、「公私混同もはなはだしい」ということであり、同時に、「そういう弔問者の礼を黙って受け止める大久保忠隣にも問題がある。なぜ、すぐ追い返さないのか？」という公務中心の考え方だ。

しかし現在でも、正信のようなことを言えば、みんなに毛嫌いされる。何がなんでも小田原城に弔問に駆けつけていくのが、いわば〝渡世の作法〟であり〝浮き世の義理〟だ。

しかし、大久保忠常の死の場合、多くの人は忠常の通夜や葬式にいくだけではなく、実力者大久保忠隣のお覚えをめでたくするために駆けつけたのだ。だから、小田原城内で親族代表の座に座っている忠隣に対し、会葬者は目に立つようにいちいち大仰に頭を下げる。「なんのたれがし、ただいま江戸から駆けつけて参りました」というパフォーマンス活動をおこなう。なんとかして忠隣に「ああ、あの男もきてくれたのか」と印象づけたいのだ。

だから、本多正信がいくらしゃかりきになって、「公私混同だ」といっても、そんな理屈は通らない。

理屈としては正しいのだが、人情は別だ。駆けつける連中にとっては、本多正信の態度こそおかしい。「むかし散々世話になった大久保家に対し、よくもあんな態度がとれるものだ」と本多正信の非情さを咎める者が多かった。

大久保忠常の祖父にあたり、現当主忠隣の父であった忠世に、本多正信は散々世話になったからだ。足を向けて寝られない恩人といってもよい。にもかかわらず、このごろではその大久保忠隣と肩をならべ、政敵として対立している。「あんなやつはみたことがない」と江戸城内の評判ははなはだ悪い。

しかも正信にとって都合の悪いことがあった。それは、駿府城の徳川家康が、忠常が死ぬ直前に「忠常どの、具合はどうかな」と、小田原城内に見舞っていること である。これが、「上司にも断らずに、先を競って小田原城へ駆けつけていった弔問者」たちに勇気をあたえた。つまり、「自分たちの反則行為も、大御所さまが認めてくださるだろう」という甘い期待を持たせた。

反発を招いた本多正信の正論

しかし本多正信はそのまま黙認しなかった。かれは強く秀忠に迫った。

「上司の許可も得ずに、小田原城へ駆けつけた者を断固ご処分いただきたい」

秀忠も、実際に江戸城内がガラガラになった状況を目撃している。

「これはいったいどうしたことか」と側近にきくと、「みんな大久保忠常様の葬儀に、小田原城へ参りました」という答えが返ってきた。

正信は勢いづいて言った。

「情においては確かに忍びません。しかし、このように江戸城がガラガラになって政務が頓挫（とんざ）するようなことは許されません。無断で小田原城に出かけた者の、断固ご処分をお願いいたします」

秀忠も内心では、江戸城の状況をみて（困ったことだ）と思っていた。正信の言うように大久保忠隣は、忠常の病が篤くなったときから小田原城に赴いて、老職としての務めを果たしていない。いってみれば、「私事のために、公務をなげうった」と言われてもしかたがない。

正信は「いつ大坂との手切れがあるかわからぬ危機的状況に、このような私情におぼれるような老職では、徳川家は安泰とはいえません」と畳を叩いて大久保忠隣を非難した。

秀忠はうなずいた。

「わかった。おまえの言うことが正しい。上司の許可もなく、小田原城へ弔問に赴いた者は断固処分せよ」

「わかりました」

うなずいた本多正信はニヤリと笑った。そしてこう言った。

「あなたさまも、名二代目になりになりましたな」

「なに」という目で秀忠は正信を見返した。正信も恐れずに秀忠を見返す。その目の底には、いま言った言葉の裏づけがあった。正信は秀忠に好感を持っていた。

結果、秀忠の近侍日下部河内守正冬は、榊原遠江守康勝にお預け、森川内膳正重俊は、酒井左衛門尉家次にお預け、などをはじめとして、何十人にもおよぶ処罰者が出た。しかしこの処分は不評だった。

「二代目は、温かいお人柄だと思ったが、案外に冷たい」と秀忠側は非難された。しかし秀忠を非難する者のすべてが、「いや、二代目が冷たいのではない。そう仕向けたのは本多のやつだ」と矛先を一斉に本多正信に向けた。

岡本大八事件の勃発

こうして両派閥の争いがはっきり表に出ると、大きな、「政争」が起こることになる。

忠常が死んだ翌年の慶長十七年に起きた「岡本大八事件」がその端緒となった。

岡本大八事件というのは、岡本大八という武士が九州の大名有馬氏に、「自分の主人は、いま幕府で権勢ならぶ者のない本多正純さまです。もし、あなたがもっと領地を増やしたいとお思いなら、工作資金をお出しなさい。わたしが間に入って、必ず望みをかなえてさし上げましょう」と持ちかけたことに端を発している。

有馬は、大八の言うことを信じた。それは九州の一角にまで、「いま江戸城の最大の実力者は、本多正信・正純父子と、大久保忠隣どのだ」という噂がきこえていたからである。

有馬は岡本大八に多額の工作資金を渡した。ところが、何年たっても一向に話がすすむ気配がない。岡本大八にきいても、のらりくらりと巧みな逃げ口上を打って、はっきりしない。

そこで有馬はついに幕府に訴え出た。

首脳陣から、「厳重に取り調べをせよ」と命ぜられたのが代官頭の大久保長安である。命じたのは老中の大久保忠隣だ。

大久保長安は、大久保忠隣の腹心だった。もともとは武田信玄に仕える能役者で、大蔵大夫といっていた。

信玄が死んだ後、家康は信玄の旧部下で有能な者を極力召し抱えた。大蔵大夫もその中に入っていた。家康はかれを能狂言の役者として召し抱えたわけではない。大蔵大夫には特別技能があった。それは、鉱山開発・道路の整備・都市計画・町づくり・民政などの才である。

家康の、「日本の平和経営」にとって、欠くことのできない知識や技術を豊富に持っていた。大久保忠隣も家康の後継ぎに秀忠を推薦したときに、「これからの日本は太平になる」と、家康の政治理念を正しく受け止めていたから、「大蔵大夫のような人物を幕府が重用すれば、家康公のおためになる」と思った。そこで長安を自分の傘の下におき、自らの「大久保」という姓さえあたえて庇護したのである。長安は、忠隣の期待に見事に応えた。佐渡・伊豆・大森（石見）などの鉱山を片っ端から開発し、多額の金銀を掘り出した。

忠隣に届けると忠隣は、「上さまにさし上げろ」と言って、家康に直結させた。家康は喜んだ。

やがて長安は、家康の寵臣に成長していった。長安は、「すべて忠隣さまのお蔭だ」と忠隣に恩義を感じていた。民政に巧みだったので、家康は大久保長安を日本全国の代官頭に登用した。したがって、岡本大八の詐欺事件は、代官頭である大久保長安が担当したのである。

取り調べの結果、「岡本大八は、キリシタンであり、有馬という大名に言葉巧みに持ちかけて、巨額の資金を収賄した」と断定された。キリシタンであることもあって、大久保長安は岡本大八を火あぶりにした。

本多正純の反撃

激昂したのは本多正純だ。「おれの家来を、よくも勝手に火あぶりなどという極刑に処したな」と長安を恨んだ。逆恨みだが、しかしこの事件は一挙に本多父子の威信を落とした。本多父子は一敗地にまみれたのである。

ところが、天はいたずら者だ。翌年、今度は大久保忠隣にとって不利な事件が起こった。それは、「大久保忠隣は、幕府の許可を得ないで自分の養女を勝手に大名と縁組みさせた」というものだ。あるいは、大久保忠隣にもそういうおごりがあったのかもしれない。つまり、「秀忠さまはおれが推薦して将軍になった方だ。このくらいのことは大目にみてくださるだろう」と思っていたのだろう。

しかし事件はそれだけでは終わらなかった。この年四月に、大久保長安が死んだ。長安はそれまで、「忠隣どのの分身だ」といわれてきた人物だ。

長安が死んだころから、突然、本多父子がこんな説を唱えはじめた。

「大久保長安には、生前からある企みがあった。それは、フィリピンに通じて、日本国をスペインに売り渡す密謀である。その証拠に、かれの屋敷には、いまだにそのときの準備金としての財宝が多く隠されているはずだ」

役人が長安の屋敷に走った。調べてみると、本多父子の言うように、隠されていた金銀財宝がザクザク出てきた。

本多の言ったことは正しいとされた。これは明らかに、岡本大八事件に対する本多側の反撃であり報復であった。誰がみてもそう感じた。

さすがに秀忠は、「派閥抗争もここまで極まったか」と暗澹とした。大久保長安の遺体ははりつけにかけられ、その一族も多くが死罪あるいは流罪になった。しかし両者の私闘はこれで終わったわけではなかった。

忠隣失脚、もうひとつの理由

あるとき、大久保忠隣が預かっていた馬場という浪人が突然、「大久保忠隣には謀反の企てあり」と家康に直訴した。家康は馬場の言うことを取り上げた。

慶長十九年一月、忠隣は突然、「キリシタン禁圧の総奉行として、京都出張を命ずる」という辞令を受けた。ところが京都にいった忠隣は、突然京都所司代の板倉勝重に呼び出された。そして、「ご老中連署の通達がきている。貴殿を改易に処す」

と宣告された。流罪先は近江国（滋賀県）で、「彦根城の井伊家に預ける」と言われた。

青天の霹靂で、忠隣はびっくりした。「身におぼえはない」と言ったが、板倉はただ気の毒そうな顔をするだけで、「なにぶんにもご老中の連署なので、是が非でも従っていただきたい」と強要した。

家康と秀忠二代にわたって、忠隣は五十年間忠節をつくしてきた。（そんな自分が、徳川家に対する謀反など企てるものか）と痛憤した。（本多に謀られた）と思わざるをえなかった。

この大久保忠隣改易事件には、裏があったといわれる。それは、晩年の家康は「タヌキおやじ」といわれたように、それまでの「律儀な徳川殿」「誠実な徳川殿」という褒め言葉を自分から投げ捨てた。タヌキおやじだといわれたのは、豊臣家を何がなんでも滅ぼすために、豊臣家のやることにいちいち難癖をつけたからである。難癖の悪知恵は、駿府城に集めた多才なブレーンたちが出したものだが、しかし家康はそのすべてを、「自分の責任である」とした。

ところがそういう時期に、大久保忠隣は秀忠を次期相続人に推薦したのと同じように、「これからは太平の世の中になる」と考えていたことから、晩年の徳川家康の、「何がなんでも豊臣家を滅ぼす」という政策には賛成しなかった。

「平和的に話を進めて、豊臣家を一大名として扱うほうがよろしゅうございましょう」としばしば意見具申した。かれは、「国内で二度と大きな戦争を起こすべきではない」と考えていたのである。

が、豊臣家を滅亡させるための策を、血眼で探していた家康にそんな意見は、まさに火に油をそそぐようなものだった。「忠隣はおれの意に逆らっている」と思いはじめた。

これに秀忠も同調した。秀忠自身、「忠隣は、自分を相続人に推薦した功を過大視し、権勢をほしいままにしている」と思いはじめていた。かわいがった忠常が死んだときの、諸大名たちの小田原城への駆けつけ事件などがまさにそれであった。温厚な秀忠は一面で、「分を守る」ということを重んじた。したがって最近の大久保忠隣の行動は、「その分を越えている」と感じられたのである。したがって、父の断固たる忠隣処分には反対しなかった。意地悪く考えれば、このころからすでに秀忠は、「足もとで派閥争いをするような連中は、お互いに滅亡してしまえ」というような、非情な〝権力者の相殺〟を願っていたのかもしれない。

秀忠は決して凡庸な二代目ではない。相当に非情な面もあった。だから、それからのちに本多正信の子正純を、有名な「宇都宮釣天井事件」によって処分してしまう。

この正純処分によって、幕閣内の難題であった「大久保対本多の確執」は消滅する。

「裏の番人」から抜けられなかった男　服部半蔵

「信長死す」の急報

伊賀の忍者服部半蔵（正成）の名が一躍知られるようになるのは、なんといっても徳川家康が〝伊賀越え〟をしたときの活躍ぶりからだ。

この伊賀越えは、「徳川家康にとっての三大危難のひとつ」といわれる。

天正十（一五八二）年六月二日の早朝、織田信長が明智光秀によって本能寺で殺された。

このころ、家康は旧武田領の駿河をもらった礼に、信長の居城である安土城へ赴いていた。信長は家康を歓待し、「案内人をつけるから、京や堺の町を見物されていくといい」と上機嫌だった。

京都見物を終えた家康は、堺の町に入った。このとき、京都の商人茶屋四郎次郎が、「信長さまが、明智光秀に討たれました」と、急報してきた。

家康がつれていたのは、本多忠勝、酒井忠次、井伊直政、武田旧臣の穴山梅雪、それに服部半蔵などわずか数十人であった。

愕然とした家康は、「とにかく真偽を確かめよう」ということで、急遽東に引き返し、枚方辺りまで出た。そして、信長の死が間違いないことを確認した。

「どうすべきか」

家康は、「このまま、信長殿の仇を討つべく明智と戦う」と息巻いた。

重臣たちは思わず顔を見合わせた。目は一様に、(この少ない人数では、どうしようもない。逆に明智勢に討たれてしまう)と語り合っていた。

家康もそのへんは承知のうえだ。つまり自分がいくら、「信長殿の仇を討つ！」と息巻いても、宿将たちは分別があるから、「それだけはおやめください。岡崎城に戻ってから、兵を再編成して明智を討ちましょう」と言うにちがいないと思っている。

家康がこのとき考えていたのは別なことだった。それは、(京、近江方面はすでに明智勢で満ち満ちている。これをどう突破して、岡崎に戻るか)ということである。

急を知らせた茶屋四郎次郎は、馬の背に大金をくりつけていた。商人のかれは、

「道中、金をばらまけば暴徒も黙って通してくれるだろう」と計算していた。しかし、問題はどんな経路をたどって岡崎へ帰ればいいのか、だった。四郎次郎にもいい知恵はなかった。もちろん側近の武士たちにもない。

本多忠勝が服部半蔵をみた。

「半蔵、おぬしは伊賀に育ち、この方面の地理に明るい。殿を岡崎へお届けするのにいい脱出路はないか？」

「ございます」

半蔵は即座に答えた。

半蔵のふたつの狙い

半蔵には計算があった。それは、(この際、無事に家康公を岡崎へお届けして、われわれ伊賀忍者の仕官を実現したい)ということである。半蔵はさらに、(できれば、甲賀者も仲間に引き入れたい)と思っていた。

これには二重の意味がある。というのは、同じ忍者の中でも甲賀者の誇りは高く、従来から伊賀者をばかにしていた。ばかにする理由は、「甲賀者は、甲賀一族の防衛のために結束し、忍術を活用している。ところが伊賀者は、時の権力にシッポを振り、あっちへいったりこっちへいったりして節操がない。あんなやつらは下忍だ」と天下に告げていた。

　そういう面は確かにある。現に、服部半蔵にしても、ずいぶん前から徳川家に仕えている。が、雇用形態が不安定で、一向に安心できない。

　半蔵がいま願っているのは、まず「この危機に際し、家康公を無事に岡崎城にお届けして、忍者一同を正式な家臣にしてもらおう」ということであった。その際、「甲賀者も一緒に引き入れよう」と考えたのは、甲賀の忍者たちが、誇りは高くても、生活がしだいに追い詰められていたからである。

　戦国時代は現在でいえば、「大手のM＆A（買収あるいは合併）の時代」だ。各地域の中小企業者は、すべて大手大名に狙われる。大手大名たちが欲しがるのは、「土地とその土地を耕す農民」である。

　平和な時代の合併とは違う。力ずくで地侍や豪族の持っている土地と農民を奪い取る。したがって、「この大手の侵略からいかに自分の土地を守るか」ということが、この時代の地侍や豪族たちの深刻な悩みであった。

　この、「地域の自治を守る」という姿勢においては、伊賀者も甲賀者も変わりはない。ただその手段が、甲賀者の場合は、「他からの侵略に対しては、一族が結束して地域を守り抜く」という姿勢をとったのに対し、伊賀者は、「場合によっては、一族の一部が大手の大名の傘下に入って、伊賀の自治を守る」という方法をとった。これが甲賀者からみると、「保ってきた地域自治をなげうって、権力にシッポを振る情けないやつら」ということになる。

しかし甲賀者の理念がいかに美しくても、大手大名はそんな理念には見向きもしない。何がなんでも力ずくで、土地を奪おうとする。甲賀はいまその危機にさらされていた。

服部半蔵はそのことをよく知っていた。だから、かれの「この際、甲賀者にも協力してもらい、家康公を岡崎に脱出させよう」という考えの底には、「伊賀者と甲賀者の心を結びたい」という悲願があった。それが可能になれば、ずっと甲賀者にばかにされてきた伊賀者の劣位を一挙に挽回でき、甲賀者と同等の立場に立つことができる。

いやそれだけでなく、もし三河に脱出できれば、家康が恩を感じて、「甲賀者も、自分の家臣として召し抱えてやろう」と言いだすかもしれない。そうなれば、甲賀者はおそらく服部半蔵に対して、大いに感謝するにちがいないと踏んでいた。もちろんその前提には、伊賀者が先に家康から正式の家臣の扱いを受けることが必要だった。

甲賀の協力を取り付ける

徳川四天王のひとりといわれる本多忠勝が、「明智討伐は、いったん岡崎城に戻ってからなされませ」と熱弁をふるったので、家康は渋々うなずいた。こういうときの家康の演技性は確かなものである。家臣たちは、家康の芝居じみた言行の本質をよく知っている。知っていて知らぬ顔をする。(それが、おれたちの忠節心だ)という共通認識を持っていた。

ブツブツ言っている家康にはおかまいなしに、側近たちは脱出の方途を考えた。茶屋四郎次郎が、「わたくしが先手として、道々暴徒たちに金をまいて、道中のご無事をはかりましょう」と言った。側近たちはうなずき、次いで服部半蔵の顔をみた。

半蔵は言った。

「すぐ伊賀に参り、そのあと、仲間を誘いに甲賀に入ります」

「甲賀へ？」

本多忠勝がきいた。

「はい」

うなずく半蔵は、澄んだ瞳でこう言った。

「甲賀者にも協力させます。先年の、伊賀の乱のときに信長公にお味方した多羅尾四郎兵衛の力を借りようと思います」

先年の伊賀の乱というのは、織田信長の息子信雄が、伊勢の北畠家の養子に入るや、伊賀に目をつけ、突然侵略を開始したときのことをさす。ところが伊賀者は結束して、信雄勢を追い払った。

信長は、「この大事なときに、なぜそういう余計なことをするのだ？」と激しく息子を叱った。しかし心の底では、（おのれ伊賀者め！）と、憎悪の念を燃やした。そして、天正九年に大軍を率いて伊賀に乱入した。里の家はすべて焼き払い、老若男女を問わず伊賀者を次々と殺戮した。伊賀の里は大混乱に陥った。

このとき、甲賀者の多羅尾四郎兵衛光弘は、信長に味方し、その先手を務めた。したがって、半蔵にすれば、甲賀者は「同じ忍者でありながら、信長の伊賀討伐に力を貸した裏切り者」ということになるが、裏切り者であるがゆえに、いまはかえって家康にその名を出しやすかった。家康は、織田信長と同盟者だったからである。信長に味方した多羅尾は、家康にも味方すると思われた。側近の武将たちはうなずいた。

そこで半蔵はすぐ伊賀に入り、仲間を語らったのち、甲賀の地に入った。伊賀と甲賀は山を境に接していた。

半蔵は多羅尾光弘を説いた。多羅尾は承知した。

「しかし、家康公を無事に岡崎まで案内した暁には、確かに徳川家に仕官できるのだろうな？」

目の底を光らせて多羅尾は念を押した。半蔵はうなずいた。確約はできない。が、ここでは、（間違いない）と言わなければ、協力は得られない。なにしろ時間との闘いである。山中で、逃げ場を失った家康一行は半蔵の帰りを一刻も早くと待ちわびている。

多羅尾は、「すぐ仲間を集める。合流地点は、伊賀甲賀の境にある音聞峠（おとぎとうげ）（御斎峠）としよう」と言った。

半蔵はうなずいた。そして目を輝かせて、多羅尾の手を握った。

「多羅尾どの、かたじけない」

「いや」

首を横に振る多羅尾は、かすかにほほえんだ。

「もしも、俺たちが徳川家に随身することができれば、積年の伊賀者との宿怨も消えるだろう」

さすがに頭領らしいことを言った。家康一行が待機する場所へ戻る途中で、半蔵は音聞峠の山頂に、何度も狼煙(のろし)の煙が上がるのをみた。

報告を終えると、半蔵は、すぐに家康一行を音聞峠に案内した。着いたとき、駆けつけた伊賀者・甲賀者は、三百人を超えていた。

先頭に立つ多羅尾四郎兵衛が、「甲賀の多羅尾四郎兵衛でございます。ご案内させていただきます」と膝をついて挨拶した。家康はうなずいた。

家康は用意されてあった山駕籠に乗せられた。駕籠脇には服部半蔵と多羅尾四郎兵衛がピタリとついた。小走りに、トットと山駕籠を運んだ。

昼夜を問わず走りつづけ、やがて鹿伏兎(かぶと)の峠を越えて、伊勢の白子港にたどり着いた。白子港には、すでに連絡がいっており、船が用意されていた。家康一行はこうして、無事に岡崎に帰り着くことができた。

認められなかった甲賀の恩賞

岡崎城につくと、家康はすぐ半蔵を呼んだ。そして、「半蔵、このたびの働きまことにご苦労であった」とねぎらった。半蔵はうれしげにうなずき、ここぞとばかりに身を乗り出して、「この際、改めてお願いがございます」と言った。

「何だ？」

「いままで、身分不確定のままお仕えして参りました私ども伊賀者と、このたびお供をいたしました甲賀者に、お扶持を賜らば、身にあまる幸いでございます」

「…………」

家康は、何ともいえない表情になって、まわりにいる側近の武将をみた。一瞬だったが、その目の底にチラと蔑(さげす)みの色が走ったのを、半蔵は敏感に見抜いた。思わず、（しまった）と、胸の中で無言の声を上げげた。が、取り返しはつかない。半蔵は家康の性格を十分に知っている。家康がこういう表情をみせたのは、明らかに不快感を感じているときである。おそらく家康は、半蔵に対し、（図に乗るな）と思ったにちがいない。

　しかし、振り向いたときの家康はにこやかに笑っていた。うなずいた。

「おまえの言うとおりだ。長い間、伊賀者には苦労かけた。無事に岡崎城に帰り着けたので、禄をあたえる。千貫やろう。分けるがよい」

　そう告げた。半蔵の目はうるんだ。胸の中に熱いものがこみ上げてきた。

　服部家は、平家の出だとも、あるいは大陸からの渡来人の子孫であるともいわれている。伊賀国服部郷を本拠としていた。この地域での、「忍者御三家」のひとつである。ほかの二家は、百地（ももち）三太夫、藤林長門家である。

　伊賀の忍びは鈴鹿山系の、山伏修験者が術の祖だといわれる。しかし、何のための忍術かといえば、「あくまでも地域防衛のため」であった。敵の襲撃から里人を守るための戦闘法であった。

　家康の伊賀越えが無事に終わったのちに、伊賀者には千貫の禄をあたえられたが、すべてが服部半蔵の願ったとおりになったわけではない。家康は、「伊賀者に千貫の禄をあたえる」と言っただけで、「甲賀者も召し抱える」とは言わなかったからだ。ただ含みがあって、「禄を千貫やるから、その範囲内で甲賀者も養ってやれ」ということだ。家康らしいやり方である。

　多羅尾四郎兵衛は、「約束がちがう」と半蔵に食ってかかった。半蔵は弱った。

「やはり、家康公にすれば順序があるようだ。しばらくは、おれたちと一緒に禄を食んでくれ。いずれは甲賀者がきちんと名を立てられるようにする」

半蔵はそう頼んだ。本心だった。

半蔵自身も、「どこかの段階で、甲賀者の名を立ててやらなければ、やはりおれの面目が失われる」と思っていた。

ひそかに忍者を活用した家康

忍術という特別な戦闘技術を身につけた伊賀者や甲賀者を、なぜか三人の天下人のうち織田信長と豊臣秀吉は嫌った。

信長も秀吉も、いまでいえば、「戦国のIT革命者」である。かれらが戦略を立てるときに何よりも重んじたのが「情報」だ。戦国時代を生き抜くためには、「情報技術の達人」でなければならなかった。

なかでも、この点において織田信長と豊臣秀吉は傑出していた。信長の名が世に出ることになった有名な〝桶狭間の合戦〟にしても、完全に「情報技術の勝利」である。つまり、「事前に得た情報と、その分析・判断と、そして解決方法の選択

（決断）」の勝利であった。

当時において、この情報収集に利用できるのが、単純に考えれば忍者の群れだった。ところが信長は忍者を信用していない。秀吉もあまり活用していない。信長はどうも、「忍者的な発想」を嫌ったようである。秀吉も、どちらかといえば戦略は大っぴらに発表するほうである。いってみれば、信長も秀吉も、「表門」を重視する型の武将であった。

これに対し、この忍者をひそかに活用したのが徳川家康である。子供のときから十三年も人質となって、他人の家で冷や飯を食った家康は、心の一隅に暗い面がある。それは人間不信や、あるいは部下不信に結びついていく。同時に、信長や秀吉が気にしない、「細かな情報」に関心を持つ。

細かな情報の中には、〝ガセネタ〟や〝シモネタ〟などが混じる。信長はこんな情報には目もくれない。秀吉はいったん受け止めるが、しかしすぐ捨ててしまう。

家康は違った。家康にすれば、「庶民が話し合っている、つまらないガセネタのなかにも、一片の真実はあるはずだ」と考えている。

そして家康は、これをさらに深く突っ込んで、「そういう事実が、世の中を動かしているのだ」と考える。だから、信長や秀吉が捨てた紙キレ一枚でも、家康はそっとクズ籠から拾い出してシワを伸ばす。そしてそこに何が書いてあるのか丹念に読む。読んでニタリと笑う。「この世の真実」のひとかけらが書かれているからだ。家康はそういうひとかけらの情報を集める名人だった。

しかしだからといって、家康は服部半蔵をはじめとする伊賀者を、とくに優遇したわけではない。むしろ逆だったといっていい。が、半蔵は長年それに耐え抜いた。「いま耐えることが、やがて伊賀者を徳川家の正式な家臣への道へ到達させることにつながる」と思っていたからだ。このへんの半蔵の願いは悲しいほどだ。

あくまでも影の家臣団

伊賀者と徳川家との関係は、こういうことから始まった。

甲賀者にはばかにされていたが、半蔵の父服部石見守保長とその部下百数十名は、京都にいって第十二代将軍足利義晴に仕えていた。ところが、足利将軍家は財政的に衰亡し、伊賀者たちに満足に給料をあたえることができなかった。頭領の保長は弱った。

こんなときに、たまたま三河国から徳川家康の祖父である松平清康がやってきた。

清康は不平不満でいっぱいの伊賀者に目をつけた。そして、「この連中をうまく使えば、おれも伸し上がれる」と考えた。

そこで保長に話を持ちかけ、「三河にこないか。十分とはいかないが、いま以上の待遇は約束する」と告げた。

保長は腹心に相談し、結果、「松平どのの供をして三河にいこう」と合意した。

以後、服部一族は、松平家が徳川家に伸し上がっていく過程で、重要な合戦にはすべて参加し、〝闇の活動〟で貢献した。しかし、その雇用関係はあくまでも不安定であり、かれらの望む、「正式な家臣」にはなかなかしてくれなかった。

業を煮やした父の保長は、成人していた息子の半蔵にこんなことを言ったことがある。

「忍術など、おれの代で終わりにしよう。おまえは槍を習え。武術でなければ、やはりどこでも一人前の武士として扱ってはくれない」

半蔵は思わず父を見返した。父の絶望感がそこまで深まっていたとは思わなかったからである。

半蔵は槍を習い出した。やがてメキメキと腕を上げる。

現在、服部半蔵の墓所である寺に残されている槍は、かなり大身のもので、相当に力がなければ扱えないようなものだという。

服部半蔵の初陣は、弘治三（一五五七）年二月の、三河上ノ郷（宇土城）攻めのときだといわれる。このとき半蔵は十六歳、主人の家康も同年の十六歳であった。家康は松平元康と名乗っていた。やがて、家康は独立して織田信長と同盟を結ぶ。

家康は拠点である三河を平定し、一向一揆も鎮圧した。家康の鋭鋒は東へ向かい、遠州（静岡県西部）掛川城攻め、三方ヶ原や高天神城における武田一族との死闘、そして長篠の合戦などとつづく。いずれの戦いでも、半蔵は活躍した。

このころの半蔵は、必ずしも諜報活動に専念していたわけではない。むしろ槍を取って、最前線で戦った。かれは父の言葉どおり、「槍の半蔵」と呼ばれ、その名を徳川家において確立したかったのである。

しかし、徳川家には槍の名手渡辺半蔵がいたため、最後まで半蔵が〝槍の半蔵〟と呼ばれることはなかった。〝鬼の半蔵〟と呼ばれた。

鬼という言葉には、「強い、恐ろしい」という意味がある。半蔵は勘繰った。（おれの裏の活動を、人びとはそうみているのだろうか）。そう考えると、気が重くなった。

「隠密頭」服部半蔵

半蔵が長年気にしていた「甲賀者の優遇」が確立したのは、家康が征夷大将軍になったのちのことである。

家康は、決して伊賀越えに際しての甲賀者の協力を忘れてはいなかった。頭領だった多羅尾光弘を旗本に組み入れて、「忍び目付を命ずる」と密命した。しかし世間体をはばかり、「木津天領の代官」に任命した。

多羅尾に「忍び目付」を任命した目的は、彦根の井伊と、伊勢・伊賀の藤堂家を監視させるためだった。

井伊は徳川四天王のひとりであり、関ヶ原の合戦にも家康に従った数少ない譜代大名のひとりである。藤堂高虎は外様ながら、古い時代から家康に忠節を誓い、戦国を走り抜けてきた老武将である。

表面では家康はこのふたりに対し、「おまえたちほどの忠義者はいない」と言ってはいるが、決して信頼などしていなかった。多羅尾に対し、「ひそかにふたりの動きを探れ」と命じていたのである。

一方の服部半蔵は、「隠密頭」を命ぜられていた。さすがに渋い顔をする半蔵に、家康は「いやか」と鋭い目つきできいた。半蔵はうつむいて首を横に振った。

「いやではございませんが」

「が、何だ？」

「まがりなりにも近ごろでは、槍を持ってお役に立てると信じております。武術におけるお役が頂戴できれば、こんな幸福なことはございません」

思わず本心を言った。

家康はクシャクシャな表情になり、ニヤリと笑うとこう言った。

「半蔵、伊賀者や甲賀者は、ここに漂っている気（空気）のようなものだ。影も形もない。匂いもない。また、影や形や匂いがあってはならぬ」

最後に、目で、「わかるか？」と謎のような一瞥を投げた。半蔵は観念した。（もはや、これ以上の立身は望めない）と悟ったからである。（これが、忍者の限界なのだ）と感じた。家康の言うとおりだ。忍者など、「影も形も匂いもあってはならない存在」でなければならないのである。

家康に仕えていた伊賀者の絶対数は約二百人であったといわれる。合戦のたびに多くが戦死する。しかし、必ず家は誰かが相続する。したがって、二百人という定数はつねに守られていた。

忍者の限界

半蔵はある時期から、「ほかの武士なみの立身出世はあきらめよう」と、〝影の存在〟に徹することに心を定めた。父保長から、「忍術などというものを捨て、武術で生きるように努力せよ。それによって、服部の家名を上げろ」と言われたが、しょせん、家康はそんなことを期待していないことを悟ったからである。

信長や秀吉のように、真っ向から忍者を否定するようなことはしないが、しかし家康の心の底にもおそらく、「この連中は、実在しない」という先入観や固定観念がある。それを打ち破ることはできない。服部半蔵はいまさらながら、「天の時、地の利、人の和」という、「この世における、物事の成否の三条件」のことを思い浮かべた。

天の時というのは運だ。地の利というのは条件や状況のことだ。人の和というのは人間関係である。伊賀者・甲賀者は、三つながらこの条件を手にすることはできない。そうであれば、半蔵たちにとって、「忍術、つまり情報の収集術」という特技が唯一の武器になる。半蔵は、「家康公が必要となさる限り、この特別な技術を生かして生きていこう」と心を決めた。

小田原の北条氏を滅ぼした後、秀吉は家康にその旧領をあたえた。家康は江戸に入った。天正十八年八月一日のことである。このとき家康は、「長年の苦労に報いたい」と言って、三十九人の家臣に万石以上の禄をあたえて、大名とした。当然、この中には服部半蔵も入っているべきだが、半蔵が家康からあたえられたのは、八千石であった。一万石以下は、旗本扱いで大名とはいわない。半蔵は苦笑した。

（家康公らしい）と感じたからである。

家康にすれば、半蔵の果たした役割や功績には、当然大名にしてもいいような内容がある。にもかかわらず、八千石という大名になれるかなれないかのスレスレの線で抑えたのは、やはり心の底に、「忍びの者は、影もなく形もなく匂いもない存在だ」という先入観が固着していたからだろう。

江戸に入った半蔵は、麴町に敷地と家をあたえられたが、まもなく四谷に移された。そして、「江戸城の裏門の警備を命ずる」と言われた。半蔵は苦笑した。

「大手門（表門）でなく、裏門か」

そう言って部下たちと笑った。

江戸城の裏門は、甲州街道に接続する。大手門から敵が城を落としにかかったとき、難を避けるために将軍は裏門から脱出する。それを護衛して、八王子まで供をするのが半蔵たち伊賀者と、新しく半蔵の支配下に入った甲賀者の役割だった。さらに、八王子で敵を食い止め、甲府城に将軍を届ける。甲州街道は、そのための軍用道路であった。

「服部半蔵が、江戸城の裏門の警護を命ぜられた」という噂が伝わり、やがてこの門は、「半蔵門」と呼ばれるようになった。

慶長元（一五九六）年、服部半蔵は麴町の江戸屋敷で死んだ。五十五歳であった。最後まで半蔵は、徳川家康にとって、「裏の番人」であった。

付家老の使命をわきまえた「自虐の臣」　安藤直次

三河譜代に共通する自虐性

主人の徳川家康の性格が複雑だったせいか、いわゆる〝三河譜代(ふだい)〟と呼ばれる家康の忠臣群には、どこか常識を越えたところがある。妙な表現だが、「自虐の忠臣」とでもいえるようなところがある。

その典型的な例が徳川御三家に、「付家老(つけがろう)」として家康から派遣された連中である。

御三家とは、尾張徳川家・紀伊徳川家・水戸徳川家の三大名家をいう。尾張と水戸が家康の時代に、そして紀伊だけが二代将軍秀忠のときに創設された。尾張の祖は家康の九男義直、紀伊は十男頼宣であり、水戸は十一男頼房である。

これら藩祖には、生まれたときからそれぞれ「傅役(もりやく)」がつけられた。九男義直には成瀬正成と竹腰正信が、十男頼宣には安藤直次、水野重央が、十一男頼房には中山信吉がその役を命ぜられた。

育てた家康の息子が大名になると、これらの傅役がそのまま、「付家老」として各家に派遣された。家康にすれば、「子供のときから面倒をみてもらった息子を、最後まで見届けて欲しい」ということであり、もうひとつ、「自分に絶対的な忠誠心を持つこれらの武士を、息子たちの脇において監視させる」ということでもあった。言葉をかえれば、「徳川本家の三人の息子の家は、最後まで徳川本家の勢力下におく」ということである。その意味で、御三家に派遣された付家老の役割は重い。

冒頭に、「家康に忠節をつくした三河武士には、自虐の傾向があったのではないか」と書いた。自虐というのはマゾヒズムのことだ。「自分の苦痛を快楽に変えて、エクスタシーを感ずる」というような体質である。付家老には共通してこれがある。というのは、かれらの多くは家康に発見された新参譜代だったが、同僚たちのほとんどが大名に出世している。にもかかわらず、かれらは家康の息子の付家老として生涯を送らなければならなかった。つまり、徳川幕閣に入閣したり、国政を担当したりするようなポストには最後までつけなかったのである。さすがに城だけはあたえられたが、身分上からいくと、「陪臣（又者）」扱いである。

徳川時代というのは、「身分制社会」だったから、上をみて上昇志向を掻き立てる者がいる代わりに、「上の者が下を見下す」風潮も強かった。だから同じ家臣であっても、徳川直属の家臣は「直参」と呼ばれ、旗本とか御家人などの身分をつくった。譜代大名はその直参の中でも、最高級の位置に属する。反対に、一般大名の家臣は「陪臣」と呼ばれて、「直参よりは身分が低い存在」と位置づけられた。

御三家の付家老も、所詮は又者の位置に甘んじざるをえなかった。そのために、尾張徳川家の付家老成瀬家などは、のちの世になってもしきりに本家や幕府に対し、「大名として独立させて欲しい」と要望した。しかし、尾張徳川家も幕府も最後までこれを許さなかった。付家老たちは、生涯を「陪臣」の身分のままで終わったのである。

安藤直次は、しかしこの扱われ方にまったく不満を示さなかった。かれこそまさに、徳川家における「自虐の臣」の代表といってよい。

大御所の仰せならば

天正十八（一五九〇）年、豊臣秀吉が小田原城の北条氏を攻め滅ぼす。この攻略戦の最中に、家康はそれまで持っていた駿河・三河・遠江・信濃・甲斐の領地をすべて返上させられ、代わりに旧北条氏が持っていた関東の地をあたえられた。場所的にはともかく、収入総額としてはかなり増えたので、家康は、「この際、いままで功績を立てた部下たちに大盤振舞をしよう」と考え、それぞれベースアップをした。安藤直次や成瀬正成、あるいは中山信吉ら、のちの付家老たちもこの恩恵に浴し、それぞれ一万石もらった。

ところが安藤直次の領地は、家康側の査定では一万石になっているが、赴いてみると実際には五千石しかなかった。しかし直次は何も言わなかった。

十年後(記録にはそうある)に、家康がこれらの連中を呼んだ。そして、「以前一万石ずつあたえたが、土地の仕置き(行政)はどうなっているか」ときいた。成瀬は中山と顔を見合わせた。直次は何も言わずにちょっとうつむいている。その姿をみた成瀬は気の毒になって家康にこう言った。

「確かに、われわれは一万石を頂戴いたしましたが、安藤の場合はちがいます」

「なにがちがうのだ」

「大御所さまが安藤におあたえになったのは、五千石でございます」

「なに」

家康はおどろいた。直次にきいた。

「直次、それは確かか」

問われて直次はしかたなく顔を上げ、「さようでございます」と応じた。

家康は目を見張った。

「おまえは十年間もそのことを黙っていたのか」

「はい」

大きくうなずいた直次はこう言った。

「たとえ五千石であろうと、大御所さまが一万石だと仰せられたからには、わたくしにとっては一万石でございます」

「…………」

家康は沈黙してしまった。あきれて直次の顔を凝視しつづけた。しかし胸の中ではおそらく、(この直次のような武士が、おれにとってほんとうの忠臣なのだ)と感じたにちがいない。

直次の答えた、「主人が一万石だといえば、たとえ半分の収入額しかなくてもそれは一万石なのだ」という発想そのものが、筆者には、「自虐の臣」そのものに思われるのである。いじめられても、傷つけられてもその苦痛を逆に喜びに変えて、自分の忠誠心を培養するというのはふつうではない。思い込みだ。しかしその思い込みの底には、はっきりと、「家康公への忠誠心」が据えられているといってよい。

武士の忠誠心は「忍ぶ恋」

肥前佐賀藩鍋島家に『葉隠』という書物がある。「武士道とは死ぬこととみつけたり」という唐突な書き出しなので、これが戦争中は「軍人の心構え」とされて大いに重宝された。ほんとうは『葉隠』という本は、そんな軍国思想を煽(あお)るようなものではなく、むしろ、「鍋島家に仕える武士のビジネスマン読本」のようなものだ。大名家に仕える武士の哀感の事例があますところなく語られている。

この中で、口述者の山本常朝がこんなことを言っている。

「武士の忠誠心というのは、男女の忍ぶ恋のようなものでなければならない」

忍ぶ恋というのは、「たとえ男が女を好きになっても、その女には絶対にそのことを話さない。じっと忍んで思いつづけていれば、必ずその恋心が相手に通ずる」といい、「それと同じように、武士の主人に対する忠誠心も忍ぶ恋でなければならない」というのだ。

山本常朝は、「たとえ武士が主人に忠誠心を持っていたからといって、それをつねにひけらかしたり、大仰に宣伝したりするな」ということである。

これは、「じっと忍ぶ恋のような気持ちで主人に忠誠心を持ちつづければ、主人もいつかは気がついて重く用いてくれるにちがいない」ということでもある。

とはいっても、しだいに大名家も秩序化され、マニュアルがいろいろできれば、そんな気持ちを保っているだけでは、上層部も決してその有能者を発見することはできなくなる。間の壁がたくさんでき、また曖昧な霧が漂って、ほんとうの人間を見極める傾向がどんどんうすれていくからだ。

しかし常朝は、自分を信じていた。同時に他人に対しても、「武士の忠義とはそうあるべきだ」ということを求めた。これも山本常朝における、一種の「マゾヒズム」といっていいだろう。

尾張徳川家の付家老成瀬家などでは、後年にいたって、「自分の家も大名家にして欲しい」と要望したが、祖先の正成や、安藤直次、中山信吉たちはそんなことは言わなかった。おかれた立場に満足した。つまり、譜代大名として取り立てられることもなく、給与も大して増やされなかったにもかかわらず、生涯をそのままの身分と収入で終わったのである。これが、マゾヒズムでなくて何であろうか。

おそらくかれらは、次々と入ってくる情報によって、「同僚の誰それがどこどこで何十万石の大名に取り立てられた」といったことをきいていたにちがいない。が、かれらは、「そんなことはおれたちに関係ない。われわれは、付家老としての職責を果たすのみだ」と、自分で自分を説得した。いわば、「欲望に対する自己規制」をおこなったのである。

駿府機関の一員として

家康は、慶長十（一六〇五）年に将軍職を二男の秀忠に譲っていたが、実権は放さずに、駿府城にいわゆる〝駿府機関〟をつくっていた。この駿府機関に、安藤直次・成瀬正成・竹腰正信などが顔をならべていた。つまり、かれらは三人の息子たちの傅役ではあったが、正式な仕事は、「駿府機関の一員」だったのである。それが、それぞれの息子が任地へ赴いたときに、駿河を離れていっしょについていったのだ。

紀伊頼宣が、和歌山城に入ったのは元和五（一六一九）年のことで、それまでかれは駿府城にいた。秀忠にとっては、頼宣が邪魔だったのだろう。駿府城はなんといっても父親の家康が、ブレーンがつくった政策を突きつけて、江戸城に実行させた場所だ。このころの頼宣の領地は、のちに弟の頼房が入る水戸地域だった。が、家康があるとき、「五万石加増してやる。駿府城に住め」と言ったので、駿府に移ってきた。家康は隠居の身だし、頼宣は現役大名なのだから、世間からは、「頼宣さまは、新しく駿府城主におなりになった」とみえる。

家康が死んだのちも頼宣が駿府城にいるということは、それまでの世間からのみられ方をそのまま引きずっていることになる。これは秀忠にとってはあまり愉快なことではない。そこでかれは、口実を設けて弟を紀州和歌山城に移動させたのだ。このとき安藤直次も駿府城を出て、和歌山城に向かった。したがって、大坂の陣のときはまだ頼宣も安藤直次も駿府城を拠点にしていたことになる。

直次の強情一徹

その大坂の陣での話である。

冬の陣ではあっさり和睦したが、家康にすればしだいに高齢にもなっていたし、焦りも出る。「一日も早く、二度目の攻撃をおこないたい」という気持ちがつのった。そこで内堀の埋め立ての件で、徳川方はあえて講和条件を破った。怒った豊臣方が文句を言うと、それを口実に家康は二度目の攻撃をおこなう。戦雲が近畿地方の空を覆った。

しかし「いつ大名たちに出陣を命ずるか」ということは極秘にしなければならない。早くから出陣を内示すると、まだまだ豊臣家に内通しているような大名も多い。敵にもれる。家康は慎重にした。

やがて、出陣の日を決めた家康は、信頼できる宿将たちだけを集め、密談をおこなった。安藤直次も呼ばれていたが、会議がはじまる直前にかれは廁へいった。当日、腹をこわしていたからである。

会議は廁の隣の部屋でおこなわれた。

当時のことだから、部屋で話されていることは全部きこえる。直次は弱った。というのは、家康が会議の間中、何度も、「ここだけの話だぞ、いいな。おまえたちだけに話すのだぞ」と、例によって得意な、「おまえだけ・ここだけ」という話し方をしている。そして、くどいように、「絶対にもらしてはならぬぞ」と念を押していたからである。

廁から出た直次は、「遅くなりました」と言って末席に座った。家康がジロリと直次をみた。しかし家康は絶対的に直次を信頼していたので、文句は言わない。が、会議で話したことを繰り返して直次に告げはしなかった。ということは、表面上直次は、「その日の秘密会議で話されたことは、まったく知らない」ということになる。

家康はやがて夏の陣のための陣触れをおこなった。あわてた諸大名が一斉に駆けつけてきた。ところが、いちばん最初に家康のところに駆けつけたのは安藤直次である。家康は妙な顔をした。

「直次か、ばかに早いな」と目を見張った。

直次はこう言った。

「それは、わたくしがこのたびの陣触れがいつになるかを事前に知っていたからでございます」

「なに」

突然家康の表情が険しくなった。

「おまえは誰からこのことをきいたのだ？」

「誰からもききません。大御所さまから伺いました」

「いつ、おれがおまえに話した？」

記憶力のいい家康は、心の中で一瞬記憶をたどったが、自分から直次に、「出陣はこの日時だ」と告げた覚えがない。そこでたちまち、（誰かが直次に秘密をもらしたのだ）と感じたのである。

ところが直次は首を横に振った。

「この陣触れの日時をお決めになった会議の日、わたくしは腹をこわして廁におりました。廁は会議がおこなわれた部屋の隣にございました。そのため、会議室でお話しになっていることはすべて筒抜けになり、わたくしの耳に入りました」

「なに」

家康はさらに眉をつりあげた。しかしこう言った。

「廁できいたことを、なぜ黙っていた」

「わたくしが廁で伺ったことを大御所さまにご報告すれば、そのことがすでに会議室外に秘密がもれたということになります。したがいまして、廁で耳にしたことは今日までまったくわたくしだけの胸に秘めて参りました」

「ふーむ？」

家康は半分は信じ、半分は疑い深そうな顔をした。が、やがて笑い出した。

「おまえはまったく律儀者だな」

「そうでしょうか」

「が、それがおまえのいいところだ。むかし、一万石やったつもりの土地が五千石しかなくても、十年間も黙っていたようなおまえだからな。わかった。きょうはご苦労」

一件落着を告げる家康に、しかし直次はこう告げた。

「申し上げたいことがございます」

「なんだ」

「どんなに秘密を守ろうとしても、必ず内容はもれるものでございます。それは、もらす者がいるという意味ではなく、先般のように秘密会議の隣が厠であれば、誰が入るかわかりません。わたくしでしたから、このように秘密は保たれましたが、今後はどのようなことが起こるかわかりません。そこで申し上げたいのは、今後の秘密会議はみんなのみえる場所で、障子襖を取りはらい、堂々とお開きになってはいかがでしょうか」

「なに、みんなのみえるところで堂々と秘密会議をおこなえだと？」

家康は眉を寄せた。目が光った。

しかし家康はばかではない。すぐ直次の言うことがわかった。やがて破顔した。

「わかった。おまえはなかなか悪知恵があるな」

「そうでもございません」

主従の気持ちはピタリと一致した。家康はその後、「これより秘密会議をおこなう」というときは、駿府城内においては大広間で、障子襖を取り払って開くようになった。

家康が付家老に期待したこと

家康の愛読書だった『貞観政要』で何度も繰り返されるテーマが、「トップは部下の諫言をいかにきくか」というものだ。だから家康が付家老を息子たちのところに派遣したのも、暗に「息子たちが逸脱するようなことがあったときは、面を犯して諫言して欲しい」という意味があった。傅役の主要な役目は、「主人が過ったときは、たとえ命を賭けても諫める」ということである。

まだ頼宣が和歌山へいかずに駿府城にいたころ、家康が、「オランダ人から珍しいものをもらった」と言って、遠眼鏡（とおめがね。望遠鏡）をあたえた。頼宣は喜んだ。はじめのうちは、風景や海の沖を走る船などを眺めていたが、やがては天守閣の上から、町に住む人々の生活を盗みみるようになった。

脇に小姓をひかえさせて、覗きながら「おい、なんとかという武士は、きょうは病気で休むといっていたが、庭先で使用人の女性とたわむれているぞ。けしからんな」とか、「あれ、あそこを歩いていくのは誰それではないか。城の中ではきちんとしているのに、町を歩くときはまったくだらしがない。今度あったら文句を言ってやろう」などと言う。そして折々、「おまえたちも覗いてみろ」と小姓たちに覗かせた。

これが評判になった。城の武士たちはささやき合った。

「近ごろは、殿（頼宣のこと）が、天守閣から遠眼鏡でわれわれのくらしをお覗きになる。うかつなことはできない。困ったものだ」

これが直次の耳に入った。

「殿はきょうもまた、天守閣で遠眼鏡を覗いておられる」ということをきいた直次は、静かに天守閣に上がっていった。遠眼鏡を夢中になって覗いている頼宣は気がつかない。

近づくと直次はいきなり遠眼鏡を取り上げ、床に叩きつけた。そして足で踏みつけた。遠眼鏡はメチャメチャにこわれてしまった。

頼宣は怒った。

「安藤、何をする！　その遠眼鏡は、父上からいただいたものだぞ」

「存じております」

直次はそばにいた小姓に、目で遠眼鏡の残骸を示し、「片づけろ」と命じた。これから重大な諫言をするのだから、おまえたちは邪魔だ、あっちへいけという意味だ。

「なんだ」

頼宣が虚勢を張った。直次は言った。

「そこへお座りください」

頼宣は渋々そこへ座った。下は板だ。痛いのであぐらをかいた。直次が言った。

「正座してください」

「なんのために？」

「これから申し上げることは、大御所さまに代わっての意見でございます。どうかきちんとお座りになっておききください」

「父上が何を申した？」

「これから申し上げます」

頼宣につけた忠義の痣

直次は、ツツーッとすすみ出ると渋々正座した頼宣の両膝をしっかりと手で押さえた。凄い力だった。頼宣は思わず顔をしかめ、「痛い」と悲鳴を上げた。

しかし直次は容赦しない。

「よろしゅうございますか。大御所さまがこの遠眼鏡を殿におあたえになったのは、まずは合戦場において、敵の状況を知るのに役立つこと、あるいは船で航海するときに、遠くの岸辺や島などをみて、船がいまどのへんを走っているか知ることができること、あるいは自然の美しい光景をお楽しみになることなどに、たいへんお役に立つということからでございます。

ところが殿は、そういう用い方をなさいません。良薬に漢方の人参がございます。たいへん効き目のある薬でございます。しかし用い方を誤れば、せっかくの良薬も毒薬に変わります。この遠眼鏡も同じでございます。

最近では殿はこの天守の上から、町の中をご覧になって、家臣たちのくらしを覗いたり、あるいは町に住む人びとの内情まで詳しくお確かめになっては、それを自慢げに小姓たちに話されております。これは、一国の主としてはたいへんに卑しい行いです。上が卑しければ、下も卑しくなります。

殿は、おそれながら大御所さまの第十男であらせられ、なによりも上に立つものの品位をお保ちにならなければなりません。その品位を、近ごろは自らおこわしになっておられます。

それに近ごろは家中にもいやな空気がただよっております。それは家臣たちがくつろいだくらしができないからでございます。このままでは、あまりに家臣たちのくらしの内容に立ち入ることが過ぎて、かれらはしだいに殿に対する恨みの念を持つようになりましょう。いや、すでにそういう気配がございます。

大御所さまは、家臣や市民の生活を覗けとおっしゃって、遠眼鏡をおあたえになったわけではございますまい。いかがですか」

長い諫言だった。その間中頼宣は、直次にグッと膝を押さえ込まれていた。意見も身にしみたが、膝の痛さも身にしみた。

頼宣は悲鳴を上げた。

「わかった、じい、手を離してくれ」

「ほんとうにおわかりになりましたか」

「わかった」

「では、お離しもうしましょう」

ようやく直次は膝から手を離した。頼宣は半分泣き顔になっていた。膝をさすりながら、「まったくおまえの力は強くてかなわない」。そう言った。しかし直次の言ったことは頼宣にもよくわかった。

「じい」

「なんでございますか」

「意見、身にしみた。父上には、内緒にして欲しい」

「大御所さまは、とっくにご存じでいらっしゃいます」

「おまえが告げたのか」

「いや、わたくしではございません。わたくしは密告など絶対にいたしません」

「そうだなあ」

頼宣はうなずいた。そして、

「おまえが密告などするはずはない。そうか、誰かが父上に話したのだな」

頼宣は半べそをかいた。直次が慰めた。

「間に入って、わたしがよしなにはからいます。どうかご心配なきよう」

しかし正直な頼宣は、すぐに家康のところにいった。そしてこれこれだと話した。最後に腿のところについた大きな黒い痣をみせた。

「これが、直次のつけた痣でございます」

「アッハハハ」

家康は笑い出した。そして「どれ、よくみせろ」と覗き込んだ。頼宣の腿にできた大きな痣をポンポンと叩くとこう言った。

「これは直次の忠義の痣だ。大切にせよ」

頼宣はうなずいた。家康は、「代わりの遠眼鏡をやろうか」ときいた。頼宣は激しく首を横に振った。

「いえ、もう結構でございます。また直次に粉々にこわされますので」

「それもそうだ。アッハハハ」

家康はもう一度笑った。

家康は直次を呼んだ。そして、「おまえを頼宣につけてよかった。きょうは頼宣もほんとうに反省していたぞ。礼をいう」と言った。

直次は平伏したまま、「もうお耳に入りましたか。殿のお膝に手をかけた不忠の儀、なにとぞお許し願いとうございます」と謝罪した。

家康は首を横に振り、「いや、あの痣は頼宣にとって、生涯の思い出になる。あの痣をみるたびに、おまえの忠言を思い出すはずだ。いいものを息子につけてくれた」と言った。

そのとおりだった。安藤直次が死んだ後、頼宣は風呂場などで信頼のおける家臣にいつも痣をみせた。そして、「この痣をみるたびに、直次の忠誠心を思い出す。じいが生きていたころがなつかしい」と語った。

主君の独善を排す

和歌山城に乗り込んだのちにこんな話がある。頼宣はやる気満々の藩主だったから、大広間に部下を集めてこう宣言をした。

「下級武士で、おれに何か意見があるものは直接いいにこい。間をとばしてよい」

この宣言に、いままでいう中間管理職たちは一斉に顔を見合わせた。

(殿はいったいどういうおつもりなのだ)

やがて悪習が起こった。それは、頼宣の言葉を真に受けて、下級武士が一斉に中間管理職をとばして頼宣に直結したことである。

頼宣はかれらの意見を好んだ。下級武士が、「うちの上役はぼんくらで、なかなかわれわれ若い者の意見をきいてくれません」という不満に耳を傾け、「そうだ、そうだろう」と相槌を打った。

このために和歌山城内の中間管理職が一斉に臍を曲げた。いまでいう、「トップとヒラの直結」がどんどんすすみ、中間管理職はいったい何のために存在するのかわけがわからなくなってしまったからだ。

憂慮したのが付家老の安藤直次である。

直次はある日頼宣に言った。

「近ごろは、下級武士たちが直接殿にご意見を申し上げるので、殿もお忙しくてたいへんでございましょう。殿には殿のお役目がありますので、いかがでございましょうか、第一次的にわたくしが若者たちの意見を読むことにさせていただいては」

と持ちかけた。

頼宣も自分が宣言したことがあまりにも大きな影響をあたえてしまったので、確かに直次のいうように時間が足りなくなっていた。

それに意見の中にはくだらないものもあって、チッと舌を鳴らすようなこともあった。したがって直次が、「意見の一次審査をおこないます」と言ってくれたのはありがたかった。

頼宣は承知した。そこで安藤直次の第一次審査がはじまった。

直次の審査方法は独特だった。かれは全文を読んだあと、必ず褒める。

「立派だ。和歌山城の若い武士はさすがだ。殿もさぞかしお喜びになるだろう」と持ち上げる。若い武士は喜んで、「では、早速殿のところへ参ります」と、一次審査がパスしたものだと思い込む。

ところが直次は「ちょっと待て」と止める。そして文章の一部を指で叩きながら、

「さっきから気になっているのだが、どうもここの座りが悪いな」と言う。座りが悪いという妙な言葉を使うので、若い武士は眉を寄せる。「どういうことでございますか？」

「全体としては非常にいいのだが、この座りの悪い一文が邪魔をしている。どうだ、職場に戻って直属上司の意見をきいてみろ」

「しかしうちの直属上司はぼんくらで、とても役には立てません」

「そんなことはないぞ。おれはおまえのところの上役をよく知っているが、あいつはなかなか苦労人だ。きっといい意見を出してくれるはずだ。いってこい」と無理やりもとの職場へいかせる。これは安藤流のやり方で、「座りが悪い」という言い

方をすることによって、若い武士の頼宣への直結の妨げをしているのである。

また、若い武士が渋々ながらも職場に戻って、「ここをどうすればいいのでしょうか」ときけば、今度は上役も本気になって指導するにちがいないと思っていた。

そのとおりだった。とばされていた上役たちも、戻ってきた部下から意見をきかれれば、自分なりの知識や考えていることをきちんと話す。若い武士は改めて上役をみて、（いつもとちがうな。ぼんくら上役にもそんな知恵があったのか）と見直す。上役に見直してもらった文書を持って戻ってくると、直次は、「これでいい。完全だ。殿のところへいけ。殿もさぞかしお喜びになる」とまた持ち上げた。

この直次の、「座りが悪い」という言葉は、和歌山城内の流行語になった。若い武士たちが反省しただけではない。頼宣も反省した。頼宣自身も、「いきなり直結主義をとったのは間違いだ」と思いはじめていた。さらに輪をかけて効果をあらわしたのは、若い武士たちの直属上司たちが改めて勉強し直したことだ。

直次のところから戻された部下が、「ここをどうすればいいでしょうか」ときいたときに、用意がなければ役に立てない。「やはりうちの上役はぼんくらだ」というみられ方が確定してしまう。そこで上役たちも改めて勉強し直した。和歌山城内全体がピシッと緊張した。

頼宣は安藤直次を呼んだ。そしてこういった。

「このタヌキおやじめ」

直次は笑って言い返した。

「タヌキおやじは、殿のお父上でございましょう」

この若い藩主に仕えて、安藤直次はしみじみと、(大御所さまはさすがだ)と思った。だから、同僚や後輩がどんどんかれを抜いて譜代大名に取り立てられても、また加増されても決して嫉妬や羨望の念は持たなかった。「付家老として徹することが、おれの使命なのだ」と、三河武士特有の「自虐の喜び」にひたるのであった。

股肱の忠臣が「折れた竹馬」になるとき　石川数正

徳川家臣団きっての名門

石川数正は、酒井忠次とともに、徳川家康の「竹馬の友」といわれた。忠次も数正も、少年時代に今川義元の人質になった家康の供をして以来、ずっとその側に仕えたからである。

それだけではない。忠次も数正も、家康の姻戚にあたった。忠次の妻は家康の叔母であり、数正は家康の叔母の孫になる。もちろん、忠次が妻にした家康の叔母と、数正の祖母とは別人だが、しかしいずれにしても、この三人は親戚同士だったといっていい。それだけに人間的絆の結ばれ方も固かった。

また、石川家は徳川家臣団きっての名門だった。先祖の出身地は河内国（大阪府）石川郡だという。この辺には〝河内源氏〟と呼ばれる源氏直系の武士が多い。石川家も同じで、源義家の流れをくむ一族だったという。

家康はのちに、「わが家の祖先は源義家である」と、履歴を詐称する。それは、征夷大将軍になるためにはどうしても源平藤橘いずれかの家柄でなければならないので、こういう無理をして家系をつくりあげたものだろう。

が、数正のほうは本物だ。十二代政康のときに、三河国にやってきて小川城主となり、十三代親康が、安祥城主松平親忠に仕えた。親忠は、家康から数えて五代前になる。そして十五代目の清兼が、岡崎城で生まれた竹千代（家康）のために、蟇目の役を務めた。蟇目というのは、音を出す矢尻を使って、悪魔払いをする役である。この清兼が数正の祖父になる。

その子康正、すなわち数正の父は、家康が今川家の人質として駿府で囚われの身となったときに、松平氏の拠点であった岡崎城を城代として守りつづけ、その子数正は家康の供をして駿府でともにくらした。

このとき酒井忠次も、家康の供をしていた。したがって、三人は子供のときから一緒に遊んだり、学んだり、あるいは笑い、ときに泣いた仲だった。

そういういきさつがあるから、酒井忠次と石川数正は、徳川家康の「股肱の二忠臣」として、初期の徳川家を支える柱となったのである。

家康が駿府にいたころ、ときどき数正は家康のために竹馬を作った。家康は喜んでこの竹馬に乗った。そして数正に乗り方を教えてもらい、器用に道が歩けるようになると、「この竹馬の一本の足は数正だ。もう一本は忠次だ」といって喜んだ。

また、数正はよく木材の端切れを活用しては、城をつくった。城をつくり終わると数正は、「やがて若君にこういう城をつくって差し上げますぞ」と言った。少年家康も大きくうなずき、「そのときはぜひ頼む。おまえが城をつくってくれる日を楽しみにしている」と言った。

岡崎城の城代を命ぜられていた数正の父は、今川方の非道な圧迫に苦しんでいた。しかしいつも、「やがて、若君をこの城にお迎えするのだ。それまではどんなに今川方に苛（いじ）められようとも、堪え忍ばなければならない」と思い、同じ辛さを嚙みしめている部下将兵を励ました。岡崎城と駿府にあった家康の囚われの家とは、距離は隔てていても、心は一直線に固く結ばれていたのである。

謎に満ちた突然の出奔

その石川数正が、天正十三（一五八五）年十一月十三日、突然、家族と百数十人の部下をつれて、城代を務めていた岡崎城から出奔した。走ったのは大坂城の豊臣秀吉のもとである。徳川家中はたいへんな騒ぎになった。それにしてもなぜ、数正は突然、徳川家康を捨てて秀吉のもとに走ったのだろうか。

数正は、「三河きっての勇猛な武士」といわれ、合戦がある度に、「必ず先陣を務めた」といわれる。家康が他の武士を先陣に命じようとしても、数正は絶対にきかない。

しかし数正は、一番手として勇猛な働きをしただけではない。「殿（しんがり）」も得意だった。

当時、「殿を務める軍は、必ず全滅する」といわれた。本軍を逃がすために、退きながら追撃してくる敵と戦う、いってみれば、本軍を逃がすための「時間稼ぎ」をするのが殿の役割だった。つまるところ数正は、徳川家康の家臣の中では、「攻防ともに見事な働きをする武士」だったのである。

しかも、家康にとって重要な、「外交交渉」の機会が訪れると、必ずその役割を数正が担った。というよりも家康が、「数正、今度も頼む」と、数正に交渉の全権を委ねるのである。数正は外交交渉の才能があり、その面でも力量を示した。

桶狭間の合戦がすんだのちに、織田信長は独立した松平元康（家康）に、和議の申し入れをした。織田方の使者に立ったのは滝川一益である。元康側で交渉相手を務めたのが数正であった。

結果、永禄四（一五六一）年に「織田・松平同盟」は成立し、翌永禄五年に、条約が結ばれた。

内容の骨子は、「信長は西へ領土を拡大する。松平元康は東へ進出する」というものだった。当然、「互いに約定を守って、それぞれの権益は侵さない」ということも含まれていた。

長年、自分の家の人質であり、成人したのちは客将として今川家のためにつくした元康が、突然信長と同盟を結んでしまったので、義元の息子氏真は怒った。

手元にはまだ、人質として元康の嫡男で四歳になる信康がいた。氏真は、「織田との同盟を解消しなければ、信康を殺す」と恫喝した。元康は怒った。しかしどうにもならない。このとき数正が、「わたくしにお任せください」と申し出た。数正は、かつて太原雪斎が使った、交渉の妙法を覚えていた。

雪斎は、織田方の安祥城を攻略し、城主だった信長の兄をとらえ、「織田家の人質になっている松平竹千代（家康）と交換したい」と捕虜交換を申し出たことがあった。

西三河の旗頭

数正は今川方の鵜殿長照が籠る三河上ノ郷城を攻め立てた。そして、長照の二人の子供をとらえ、人質とした。この人質をつれて堂々と駿府城に乗り込んだ。

「竹千代さま（信康の幼名）と交換したい」

氏真はあきれた。腹も立てたがどうにもならない。鵜殿長照は大切な今川家の武将だ。やむをえず、松平竹千代を解放した。

数正は意気揚々と岡崎城に戻って来た。家康は感謝した。そして、「おまえはなかなか油断のならぬ男だな」と妙な褒め方をした。

翌永禄六年、信康と織田信長の娘五徳（徳姫）との婚約がととのった。その直後、松平元康は家康と改名した。「源義家公のお名前を一字頂戴する。おれの家は源氏の流れだ」と家康はいった。数正は、（そうかな？）と眉をひそめた。源氏といえば自分のほうがよほど正しい血筋だったからである。主人の松平家が源氏の流れなどという話はきいたこともない。

しかし数正は（別に目くじらを立てることではない）と黙殺した。

やがて永禄九年二十五歳のとき、家康は三河守に叙任されるが、松平を改めて徳川と称するようになった。徳川というのは、関東地方に拠点を置いていた新田源氏の流れの家名である。

これに先立ち、有名な「三河の一向一揆」が起こった。数正の家も、根っからの一向衆徒だった。かれの家は分家だったが、本家はすでに一揆側に加担し、一方の大将となっていた。

やがて一揆は鎮圧された。二十三歳ながら、家康が果断な態度を貫き、「どんなことがあろうと絶対に譲歩しない」という強い姿勢を貫いたからである。

数正の本家は、西三河方面の一揆の総大将を務めていた。それが敗れたので、家康は、「数正、おまえが西三河の宰領をせよ」と命じた。酒井忠次は、すでに東三河の旗頭を務めている。そこで、「東三河の旗頭は酒井忠次、西三河の旗頭は石川数正」といわれるまでに数正は立身した。

甲斐、信濃領国化に功績

天正十（一五八二）年、本能寺の変を知った家康は忠臣たちの供によって、伊賀越えをして無事に岡崎城にたどり着いた。

岡崎城に戻った家康はすぐ軍勢を召集し、「織田どのの仇を討つ」と言って出発した。このとき、沿道の大名たちに対する協力要請の触れ状は、本多忠勝と石川数正の連名となっている。

信長が殺されたとの報が伝わると、甲斐・信濃・上野などの地域で、一斉に武田遺臣による「反織田」の一揆が立ち上がった。

家康は、それ以前、一応制圧したこの地域に腹心の武将を置いていたが、これが次々と破られた。家康は信長から、「武田の遺領駿河を治められよ」と言われてはいたが、まだ完全に自分の支配下に置いていたわけではない。一揆勢はいよいよ勢いを強めた。そうなると家康が、いくら、「織田どのの仇を討つ」と息巻いてみても、自分の足もとのほうがばたばたと忙しくなって、それどころではなくなった。

その隙に、羽柴秀吉があっさりと光秀を殺してしまった。あれよあれよといっている間に、秀吉は要領よく天下人への道をフルスピードで走りだしていた。家康は足もとの火を消すのに大わらわで、秀吉に腹を立てても介入することはできなかった。

このころ、駿河から、甲斐、信濃方面に進出して、「極力、信濃の由緒ある古い家を復活させ、傘下に入れよう」と努力したのが石川数正である。そのため、たちまち数正の名は信州一帯に知れ渡った。「石川どのは、われわれ古い家柄の者を大事にする、花も実もある立派な武士だ」と感謝された。

とくに、かつて信濃守護であった小笠原家の当主を特別に庇護したので、小笠原家では石川数正を「恩人」として遇した。

小笠原家は、深志（松本市）城主だったが、武田信玄に追われて、南信地方にわずかな拠点を設けるだけの境遇に追い込まれていた。

のちに数正は、豊臣秀吉の命によって、そのころは松本と名を変えていた深志城の主になり、八万石を給された。すんなり、よそ者の数正が信州の最大拠点に居着くことができたのも、以前にばらまいていた、「信州の豪族たちへの好遇」がものをいったのである。豪族たちが恩を返す形で、数正を歓迎したのだ。

秀吉の不気味な接近

天正十一年の四月、羽柴秀吉の目覚ましい台頭に反発した織田家の筆頭家老柴田勝家が、賤ヶ岳の合戦を起こした。しかし秀吉はこれにあっさり勝った。

家康は、「秀吉め」と舌打ちしたが、石川数正に命じ、「これを祝いの品だといって秀吉に届けろ」と命じた。家康が祝いの品としたのは、大切にしていた〝初花(はつはな)の茶入(ちゃいれ)〟であった。

　秀吉は喜んだ。そして数正自身のことを根掘り葉掘りきいた。数正は秀吉の目の底に、不気味な色を感じ取った。それは、秀吉の自分に対する異常な執念であった。が、悪い気持ちはしなかった。秀吉は明らかに数正を、「有能な武士」とみたのである。

　八月になって、秀吉は返礼の使者を浜松城に送ってきた。家康には、「大切な茶入をかたじけない」といって、不動国行の刀を贈った。同時に、数正にも国行の刀に勝るとも劣らない品物を届けた。

　これが周囲の疑惑を招いた。

「石川は、秀吉のところに行ってどんな話をしたのだ？」と思われたのだ。

　さらに徳川家の部将の疑惑を招くようなことを数正自身がおこなった。天正十二年、家康は信長の遺児信雄とともに、秀吉に対して兵を挙げた。小牧・長久手の戦いである。

　この時、数正は酒井忠次・本多忠勝らとともに、小牧山の本陣にいたが、多くの房をつけた自慢の馬印を高々と立てていた。

これを、自陣から遠望していたのが秀吉だ。

「見事な馬印だ。誰のだ？」

「石川数正の馬印です」

秀吉は、すぐ使いを出した。数正とはすでに面識がある。先日は、祝いのものを贈ったばかりだ。

そこで、使者に「その馬印を譲ってはもらえぬか」と申し入れさせた。数正は即座に、「差し上げます」と言って、使者に馬印を渡した。

周囲の部将たちは眉を寄せ、「石川、そんなことをしていいのか？」となじった。

「この馬印献上が殿と羽柴さまとの、和睦のきっかけになるかもしれないからな」。

数正は笑いながら、そんなことを言った。

馬印を届けられた秀吉は喜んだ。そしてすぐ黄金を袋に入れて、使者に「これを石川に届けろ」と命じた。

使者を迎えて、数正はさすがに迷った。すぐ家康のところへいった。これこれだと話し、「この黄金は受けとってもよろしゅうございますか、それとも返しましょうか」ときいた。

家康は苦笑して、「構わぬ、馬印を渡してしまったのだから、もらっておけ」と言った。馬印を渡してしまったのだからという言い方に、家康の皮肉が込められていた。

強まる「裏切り者」視

この小牧・長久手の戦いは、実戦では家康が勝ち、外交交渉では秀吉が勝った。というのは、秀吉の巧妙な工作によって、織田信雄が単独に秀吉と講和してしまったからである。家康は、二階にあげられて梯子を外されてしまったのだ。「まったく、苦労知らずの御曹司はどうしようもない」。家康は舌打ちをして、浜松城に戻った。

秀吉からたちまち、「和睦をしたい。ついては人質をもらいたい」と言ってきた。家康は和睦するとは言わなかったが、人質として自分の二男於義丸（のちの結城秀康）と、数正の子勝千代、それに本多作左衛門重次の子仙千代の三人を、人質として出すことにした。

秀吉のもとへ一行をつれていったのが、数正だった。人質を届けたあとも、数正は浜松城に戻らない。そのまま大坂城にとどまっていた。秀吉が、「おぬしもこのままここにいたほうがよかろう」と言ったからである。

天正十三年に、近畿地方を制圧した秀吉は関白に昇進した。全国の大名に触れて、「今後、天皇の命によって、土地争いのための私戦は許さない。京都に来て、そのことを天皇に誓え」と命じた。天皇に誓えというのは、「このおれに忠誠を誓え」ということである。機をみるに敏な全国の大名はたちまち、この命令に従った。

ここではじめて石川数正は、秀吉から「浜松城に戻って、徳川どのにも大坂にくるように言ってくれ」と言われた。

数正は戻って来てそのことを家康に告げた。家康は不機嫌な表情になり、ジロリと数正を睨(にら)んだ。目の底に、(おまえはすでに、秀吉に心を通じたのか)という疑いの色があった。

家康は大坂にはいかなかった。そこで秀吉は腹心の滝川雄利・富田知信・津田正信の三人を使者として浜松城へ送ってきた。次第にプレッシャーを加える秀吉の力に、浜松城ではしばしば会議が開かれた。

多くの部将が、「成り上がり者の秀吉に屈服する必要はない」と言った。しかし数正だけは、「もはや、そんな時代ではない。日本を支配するのは秀吉だ。殿は大坂にいくべきだ」と主張した。部将たちはそろって数正を睨んだ。なかには、「この裏切り者め」と面と向かって詰問する者もいた。それは数正が、小牧・長久手の陣のときに、いかになんでも敵の大将に自分の馬印を金で売ったことが知れ渡っていたからである。

こうして秀吉が派遣した三人の使者は、〝小供の使い〟扱いをされて、手ぶらでむなしく大坂へ戻っていった。

数正が出奔したのは、その直後である。このとき数正は四十八歳であり、家康は四十四歳であった。

松本八万石に黒い城を築く

数正出奔の報告をきいた家康は、ただちに浜松城から岡崎城に向かった。そして、次々と防護策を打ち、主要な街道筋に兵を配置した。「場合によっては、秀吉と一戦構えることになる」という警戒態勢に入ったのだ。このころたまたま、大きな地震が起こったので、騒ぎはよけい大きくなり、人心の不安はますます募った。

数正一行は、徳川方の追っ手に追われることもなく、無事に大坂にたどり着いた。

秀吉は喜んで一行を迎えた。

数日後、秀吉は数正に、「弟の秀長の所領である和泉（大阪府）を割いておまえにあたえよう」と言った。

数正が出奔した半年後の天正十四年五月、秀吉は巧妙な政治工作をおこなった。それは妹の旭姫を、当時独身だった家康の後妻に押し付けたことである。つまり秀吉にすれば、「妹を人質にする」ということだ。

しかしそれでも家康は動かない。秀吉はさらに、自分の生母大政所を、「母が妹にあいたがっている」と言って送ってきた。母と妹をともに人質にしたのである。これには家康も参った。家康はついに重い腰を上げた。

多くの部将が反対したが、家康は苦笑して、「潮時だ」と告げた。そしてその心の中で、（数正のやつが、いろいろと秀吉に知恵を付けたのだ）と思った。

こうして家康は大坂城にいき、秀吉に謁見して、「臣従の礼」をとった。

多くの大名が落胆した。秀吉に反発する大名は、「もしも徳川どのが立ち上がるのならば、すぐ駆け付けよう」と思っていたからである。

天正十八年春、秀吉は最後まで、自分の命令に従わなかった小田原城の北条氏を包囲した。先鋒を務めたのは徳川家康である。というのは、家康の娘が北条家の当主の妻になっていたからだ。こういう点、秀吉は容赦しない。「身内の情を殺して、おれに忠節をつくすか、それとも裏切るか」という二者択一を迫る。

小田原攻めの決着がつかない途中で、秀吉は家康の領国を全部没収し、新しく「旧北条領を差し上げる」と言った。信濃国（長野県）は秀吉がいったん収めた。そして、石川数正に「松本城をあたえる」と告げた。領地は八万石である。

数正は、松本にいった。ここで、築城の達人ぶりを示し、松本城を大規模に改築した。

現在、松本城は大天守（五層六階）、乾小天守（三層）、渡櫓（重層）、辰巳付櫓（重層）、月見櫓（単層）などが江戸期のまま残されている。そしてこれらの建造物はすべて「国宝」に指定されている。

各建造物を渡櫓が結ぶ、日本国内でも珍しい城だ。石垣や武者返し、矢狭間なども備えられ、明らかに、「戦う城」の典型だ。全部真っ黒に塗られ、そのために、「カラス城」の別名がある。

城の完成は、数正一代で成し遂げられたのではなく息子の康長の時代までつづけられた。辰巳付櫓と月見櫓は、寛永年間に増築されたものである。

数正自身は、文禄二（一五九三）年に死んだ。五十六歳であった。息子康長が後を継いだが、のちに、「大久保長安の事件」に連累して、豊後（大分県）に流され、そのまま流罪地で死んだ。数正の石川家はこれで滅亡した。

いまも不明な「出奔」の理由

しかし、なぜ数正は突然岡崎城から出奔したのだろうか。

いろんな説が残されている。

単純に「豊臣秀吉に魅せられて、家康を捨てた」という説。「いや、秀吉の懐に飛び込んで、諜者となり、家康に秘密事項を伝えた」というスパイ説。あるいは、「家康を秀吉に臣従させるための、政治工作を大坂でおこなった」という説。

最後の説は、「家康は、単純に秀吉に屈服したくないので、数正を裏切り者として大坂へ送り込み、その工作によって家康が渋々、秀吉のところにいった形にする」という、まるで複雑骨折したような政治工作説である。

どれが正しいかは、いまとなればもう確かめようがない。ただ筆者は、数正の家が「河内源氏の流れであった」という誇りとも関わりがあったのではないかと推測している。家康がまったくなんの関係もないのに、「おれは源氏の流れだ」と、ことさらに履歴を詐称していたことに対する数正の反発と怒りだ。

数正は、(源氏の流れといえば、おれのほうが本物だ)という誇りがあった。にもかかわらず、家康は、元康という名を家康としたときに、「家の字は、源義家公から戴いたものだ」などと言った。そういうふるまいが、数正の深層心理をいたく刺激したのではなかろうか。だからかれは、これまた正当な源氏の流れである信州の小笠原氏と昵懇になった。小笠原氏も、甲斐源氏のれっきとした一党である。そういういわば、「名門同士の血」が、地下水脈として、互いに手を結び合わせたのではなかろうか。数正が、信州の豪族たちの復興に力をつくしたのも、その主要目標は小笠原氏にあったように思われる。

しかし皮肉なことに、当時松本城主であった小笠原氏が、豊臣秀吉によって他に移され、代わりに石川数正が城主となった。その辺の経緯を、数正はどのように受け止めたのだろうか。

それに、数正が松本城を、堅固な戦う城に仕立て上げた目的はいったい何だったろうか。秀吉の天下平定が着々と進み、日本は次第に「平和な国」へ移行しつつあった。多少の混乱があったとしても、大規模な合戦が起こるはずはない。そんなときに〝戦う城〟をことさらにつくったのは、やはり石川数正の、「源氏の名門意識」が、その誇りを犯そうとする〝仮想の敵〟に対抗しようとしたのではなかったろうか。

主君を見限った有能機敏なアジテーター　榊原康政

知勇兼備の理想的な部下

徳川家康には、よく知られるように「四天王」「家康三人衆」「武功三人衆」「家康二寵臣」などと呼ばれる部下がいた。いずれも、「家康に対して類まれな忠節をつくした武士」のことである。だからこの区分は、「その武士個人」を言うのであって、家ではない。あくまでも属人的な呼称である。

このすべてに名前があがっているのが、榊原康政だ。

榊原家は、伊勢国（三重県）一志郡榊原から出ている。康政は天文十七（一五四八）年生まれで、家康より六歳年下である。祖父の七郎右衛門清長のときに、三河に移住して家康の父松平広忠に仕え、その子長政は家康に仕えた。康政は長政の二男になる。

少年時代の康政は小平太といって、一時、岡崎の大樹寺（松平家の菩提寺）で修行し、「なかなかの利発者」といわれた。そのころの武将ではめずらしく大変な能筆だったという。それだけでなく、才幹があった。それは、「状況を鋭く見抜く力」を持っていたことである。

家康はおそらく康政の、

・状況を見極める能力
・それに対応する的確な選択肢設定をおこなう能力
・しかもその選択肢を、巧みな文書によってＰＲする能力

などに目をつけたのだろう。確かに家康の天下人への過程において、榊原康政の存在は大きかった。

榊原康政の存在は、

・徳川家康へのひたむきな忠誠心
・その証として示す武功一途の働き方
・しかし、共通して朴訥(くちべた)

という三河譜代の武士の性格に比べるとちょっと毛色が変わっている。かれは、くちべたではない。またそれどころではなく、口も達者で文章も達者だった。加えて能筆ときているから、いやでも目立つ。

しかもそれでいながら榊原康政は、つねに戦場では〝一番槍〟をつけた。この功績は家康も高く評価し、あらゆる合戦において、「一番手は、康政がつけろ」と命じている。いうまでもなく、康政の康という字は、家康からもらったものだ。それほど信頼が厚かった。

それでいて、康政は三河の譜代武士に共通する、「犬のような忠誠心」を持っていたから、家康にとってはまさに、「なにもかも兼ね備えている理想的な部下」だった。

家康はよくまわりの者に、「人間には必ず長所と短所がある。ひとりの人間が、すべての能力を兼ね備えていることなどありえない。だから、おれはいろいろな役職（ポスト）を、複数制の組み合わせによって任命しているのだ」と語っていた。しかし康政については、この家康の言葉は当てはまらない。康政は、「主人家康公の求める能力を、すべて兼ね備えていた」とびきりの人間だったからである。

大樹寺での家康との出会い

康政がはじめて家康にあったのは、永禄三（一五六〇）年五月のことだったという。この年は、織田信長が桶狭間で、駿河（静岡県）の大実力者今川義元の首を取った年にあたる。

このころの家康はまだ松平元康といって、義元の人質にすぎなかった。成人したので、今川家の一部将になり、このときは先手として、織田領内の大高城に兵糧入れをおこなった。

しかし、義元は討たれてしまい、家康（松平元康）は、故郷の岡崎城近くにきて、大樹寺に陣をおいた。岡崎城はまだ今川家に支配されていたので城代がおり、城に入ることを控えたのである。その意味では、家康は礼儀正しかった。

この大樹寺に、まだ僧として修行中の康政がいた。住職にいわれて康政は、突然大樹寺にやってきた家康に目通りした。家康は目を細めた。「おう、長政の息子か」とほほえんで康政をみつめた。

康政はていねいに挨拶をした。

このとき家康が大樹寺に入ったのには、ふたつ目的があった。ひとつは、「織田軍の襲撃があるかもしれないと待ち構えていたこと」。もうひとつは、「駿府城の今川家に使いを出し、義元の子氏真に、『父上の弔い合戦のために、織田を攻撃しますか？』とうながしたいがため」である。

が、ともに不発に終わった。信長軍は攻撃してこなかったし、今川氏真は、「父が討たれて領内が混乱している。とても弔い合戦どころではない」という返事を寄越した。

家康は苦笑した。

(氏真どのには、弔い合戦をおこなう気はまったくない。臆病者め)

こうなると家康にすれば、「打つ手はすべて打った」と、手続き完了を確認したことになる。そこで堂々と岡崎城に入った。ここから家康の独立経営がはじまる。

このときに、家康は大樹寺の住職に頼んで、榊原康政をもらい受けた。康政はまだ十三歳だった。家康も十九歳の青年だった。

一向一揆征伐で名をあげる

独立した家康は、世間の意表を突いて信長と和睦し、軍事同盟を結んだ。

独立した家康をまず襲ったのが、三河の一向一揆である。この地方は、鎌倉時代から一向宗が盛んで、一揆の背後には、「この地方の有力者吉良一族がいる」といわれた。

吉良家は、足利将軍家の分家で名門である。だがいまや勢力を失っていた。領地をもう一度回復するために、吉良一族は一向一揆と手を組んだのかもしれない。

さらに、「その吉良一族と一向一揆に、酒井忠尚が加わっている」と報告された。少年のころ、康政は忠尚の侍童を務めていた。

家康は、酒井忠尚を攻撃することになった。このとき家康は康政に、「おまえは後詰（予備軍）を務めよ」と命じた。康政はふくれ面をした。そしてこう言った。

「ぜひ、このたびの攻め手にお加えください。わたくしの初陣になります」

「しかしこれから攻める酒井忠尚は、おまえのかつての主人だぞ」

「さようでございます。しかし、酒井さまに長く仕えたからこそ、いま酒井さまが拠っておられる城の状況を、わたくしほど詳しく知るものはございません。攻め場所をよく知っております。どうかお加えください」

家康はあきれて康政を見返した。

（この男は、かつて酒井忠尚に仕えたことを逆手に取っている。そのころ得た情報を、おれのために使おうとしている）

その逆転の発想に舌を巻いたのである。しかし、家康は（いまの世では、そういう才覚も必要だ）と思った。

そこでニコリと笑い、「わかった。おまえを先手に立てる。案内せよ」と命じた。康政は喜んだ。そして、勝手知ったる城内へ徳川軍を案内して、たちまち城をおとした。このとき康政は一番槍を承った。これがかれの、「家康の合戦のたびに一番槍をつけた」という実績の最初になる。

しかしこのときの戦闘はすさまじかった。なにしろ一向一揆勢は、「すすむ者は極楽にいける。退く者は地獄へいく」という考えを持っており、徳川軍に向かって、「われらはホトケの代理なるぞ。ホトケに刃向かう気か？　仏罰を恐れよ！」とわめきながら突入してくる。「ホトケに刃向かう気か？」と言われると、当時の兵士たちはやはりためらう。徳川勢はともすればくずされた。

このとき、先頭に立った康政は、「仏罰はおれが引き受けた。恐れるな。すべての仏罰をおれひとりが受けて、地獄へいく。安心して敵を殺せ！」と大声で叫び、突入していった。その形相はまさにオニだった。

これに力を得た徳川軍は、一斉に反撃に移った。こうして、酒井忠尚とこれに味方する一向一揆勢は滅ぼされてしまったのである。

家康はこのときの康政の働きを高く評価した。

「きょうの初陣は実に見事だった。おれの名を一字やる」と言って、家康の康をあたえたのであった。

このとき康政は、ボロボロのちぎれ具足を身につけていた。家康がきいた。

「具足がずいぶんと粗末だが」

「はい」

康政はニッコリ笑ってうなずいた。

「大樹寺で、はじめてお館（家康のこと）にご挨拶させていただきました折に、もうひとり同輩がおりました」

「憶えている。確か刈谷城主の水野殿に仕えていると申したが」

「はい、その神谷金七が祝いの品としてくれたものでございます」

「祝いの品とは？」

「わたくしがお館さまの家来になれたことを祝ってくれました」

「ほう」

家康は目を細めた。そして、頭の中で（この男は、機敏だけではない。そういう友情を大切にする面もあるのだ。それなら、おれへの忠誠心も本物だろう）と感じた。

武田滅亡から小牧・長久手の戦いへ

織田信長との軍事同盟で、「信長は西へ、家康は東へ」という暗黙の協定があったので、家康は東の方面への攻略をつづけていた。そのすべてに、康政は参加し、一番槍をつけた。

天正十（一五八二）年三月、徳川・織田連合軍は美濃、信濃、駿河を通って一斉に甲斐に突入し、ついに武田家を滅ぼした。当主武田勝頼は自刃した。

信長は「駿河の武田家旧領は、徳川どのが治められよ」と言った。家康は、武田家遺臣たちの多くを召し抱え、土地の支配についても、「いままでのやり方を踏襲せよ」と言った。武田家の士民は、家康の温情に感謝した。

この合戦でも榊原康政は数々の勲功を立てた。そして、主人家康の戦後処理に胸を熱くした。

「信長どのに礼を申しにいく」

戦後処理が一段落すると、家康はそう言って何人かの腹心をつれて安土城にいった。もちろん康政もそのひとりであった。

安土城で信長は機嫌よく家康を迎えた。そして、「徳川どのは、ゆっくりと京都や堺を見物なさるとよい。案内人をつけてさしあげよう」と言った。

家康は信長の言葉に従った。そして京都見物をすませ、堺にいったとき、茶屋四郎次郎という京都の商人が馬で駆けつけて、「織田信長公が、明智光秀に殺されました」と報告した。家康は信長と軍事同盟を結んでいる。したがって、明智光秀の味方をしなければ、明智勢はすぐ家康を襲ってくるだろう。

家康は命からがら〝伊賀越え〟を経て、伊勢の港から船に乗り、岡崎城に戻った。間もなく織田家の相続問題に関して宿将たちが会議を開いた。清洲城でおこなわれたので清洲会議という。イニシアチブをとったのは、羽柴秀吉だった。秀吉は、中国戦線からすさまじい速度でとって返し、天王山の麓、山崎で明智光秀を破った。光秀は脱出したが、土民に殺された。

その功績を楯に秀吉は、多くの宿将たちの意見を抑え、信長とともに京都で殺された信長の嫡男信忠の子三法師を後継者に立て、自分が後見人となった。

これに不満を抱いた信長の次男で、北畠家の養子になっていた信雄が、父親の盟友であった徳川家康を誘い、秀吉に対抗する軍をおこした。「小牧・長久手の戦い」の勃発である。

このころ家康は浜松にいた。例によって、先手は康政が務めた。康政は、尾張の小牧山に拠点を定め、ここに旗を立てて柵で周囲を囲った。天正十二年三月のことである。

秀吉を激怒させた弾劾の檄文

やがて浜松城を出た家康は、小牧山の陣をみて、「さすが康政だ。いいところに目をつけた。おれの本陣はここにする」と告げた。

康政は大いに面目をほどこした。自分が攻撃の拠点にするつもりでいた場所を、主人の家康が本陣にしてくれたからである。

この家康の処遇に感奮した康政が、有名な、「檄文」を書いた。織田・徳川連合軍への賛同や協力を求めるための漢文調の文書で、持ち前の能筆をふるい、いくつも写しをつくって、敵味方の武将に配った。

味方だけでなく豊臣軍にも配ったのは、それによって「戦意をくじこう」という目的がひとつ。もうひとつは、「この合戦には、織田・徳川方に大義がある」ということを示したかったのである。

文章を読み下し式に全文を掲げる。

「それ羽柴秀吉は野人の子なり。草むらより出でて、わずかに馬前の走卒となる。信長公これを寵愛す。一旦の特挙に遇い、将帥に拝せられ、大封を食む。その君恩の高きこと天に似、深きこと海に似たり。これ世をあげて知るところなり。しかるに信長公卒して秀吉たちまち主恩を忘れ、ついに際会によりて非翼を企つるを謀り、まさにその君を滅ぼし、のちその国家を奪わんとす。惨なるかな、先に信孝公を殺し、いままた信雄公と兵を交う。大逆無道あげて言うべからず。それ誰かこれを疾視せざらんや。いまわが君（家康）深く信長公の旧好をおもい、切に信雄公の微弱をあわれみ、赫然として旅をととのえ、勢いの衆寡をはからず、大義の当然たるにより、天人のにくむところを伐つ。人々あにかの暴悪に党し、先祖の佳名を千載に汚さんや。ただ願わくは、もっぱら力を義軍に合し、速やかにかの逆賊を討ち、もって海内の人心を快くせんことを」

迫力のある文章である。それなりに筋も通っている。これによれば、

- 秀吉は、もともとは野人の子でありながら、草履取りや足軽を経て、信長公の寵愛によって一軍の大将に取り立てられた。
- （秀吉にとり）信長公の恩は、天のように高く、海のように深い。こんなこと

は誰もが知っている。

•ところが信長公が亡くなると、秀吉はその恩を忘れて、勝手な会議を開き、主人を滅ぼして国を奪おうとしている。

•挙げ句の果ては、信長公のご子息である信孝公を殺し、いままた信雄公と戦おうとしている。その大逆無道はいうに堪えない。黙ってみすごしていいことだろうか。

•そこでわが主人である家康公が、かつての信長公との旧交を思い、秀吉に次第に圧迫されている信雄公の現状をあわれんで、ついに軍をおこした。軍勢の多い少ないなど考えることなく、天の命ずるまま大義を実現しようとするものである。

•人びとよ、秀吉の暴虐に与して先祖の佳名を一挙に汚そうとなさるのか。願わくば、どうかその力をわが義軍に投じ、速やかにかの逆賊（秀吉のこと）を討って、この国の人心を平安に戻していただきたい。

つまり康政は徳川軍の蜂起を、「大義を重んずる天に命ぜられて、軍をおこした。討つべき敵は、天に背いた秀吉である」と告げているのだ。そして秀吉のおこないを非道として羅列したのである。

敵味方に配ったのだから、当然秀吉もこの檄文を目にし、激怒した。「この檄文を書いた榊原康政の首を取った者には、過分の恩賞をあたえる」と、莫大な賞金をかけた。

ところが秀吉も政治家だ。一陪臣（ばいしん）の書いた糾弾状にいつまでもかかずらってはいなかった。かれは次の手を打った。家康と組んだ織田信雄と単独講和を結んでしまったのである。

これをきいた家康は苦笑した。

「結局は、二階へ上げられて梯子をはずされてしまったな」

両軍は兵をひき、家康も浜松城へ戻った。

十万石の大名に

秀吉はやがて関白になり、豊臣姓を天皇からもらった。そして京都に聚落第を築き、ここを、「関白としての政務をおこなう役所」に定めた。しかし、聚落第は単なる役所ではない。豪華絢爛たる別荘の趣きも呈していた。

やがて、秀吉は全国の大名に、「土地争いのための私戦は許さない。このことを、京都にきて天皇に誓え」と命じた。多くの大名はその命令に従って京都へのぼって忠誠を誓った。天皇に忠誠を誓うという形式はとったが、実をいえば豊臣秀吉に対して忠誠を誓ったのである。

このとき、家康はいかなかった。秀吉は気にした。というのは、徳川家康が自分に服従しなければ、かれの天下統一事業は完成しない。いや、天下人としての権勢に欠陥が生ずる。なんとしても、家康を屈服させなければならなかった。

そこで秀吉は、すでに他家に嫁いでいた自分の妹旭姫を離縁させ、強引に家康の後妻に押し込んだ。それでも家康は上方にはいかなかった。秀吉はやむをえず自分の生母が旭姫にあいたがっているといって、人質に寄越した。

こうなると家康も重い腰を上げざるをえない。ついに家康は上洛した。供には榊原康政も加わっている。これが、天正十四年の十月のことであった。

家康の挨拶がすんだあと、秀吉は榊原康政や本多忠勝らを自分のそばに呼んだ。そして康政に笑いかけ、「二年前の小牧の陣に際して、おまえはおれを非難する檄文を書いた。あのときはほんとうに腹が立った。しかし、同時におれはおまえの徳川どのに対する忠誠心の美しさを知って、うらやましくなった。徳川どのは実にいい家臣をお持ちだと感じた。もはや、あのときの怒りは消えている。変わらずに、徳川どのに忠節をつくすように」と褒めた。

康政は感動した。思わず秀吉を見返した。秀吉も澄んだ目で康政をみていた。康政は、（さすが天下人だ）と感嘆した。

十一月九日には秀吉は朝廷に奏請して康政を従五位下式部大輔に叙任させた。おなじ日に、井伊直政や本多忠勝も叙任されている。こういうように、秀吉は、「対立者の部下を優遇する」という絶妙な人心掌握術を発揮した。

これにコロリとまいってしまう者もいたが、康政には、そんな気持ちは微塵（みじん）もない。（どんなに秀吉公がおれを優遇しようと、おれの主人は家康公以外ない）と固く心を決めていた。

「京都にきて、天皇に忠節を誓え」と命ぜられながらも、秀吉の成り上がり者ぶりを軽蔑し、「誰がいくものか」と頑張っていた大名に、小田原の北条氏がある。

秀吉はそこで、北条征伐の触れを出した。秀吉の軍は「天皇の命に従わぬ逆賊を討つ」ということだから官軍である。北条氏は、逆賊とされてしまった。

この合戦は、いわゆる「小田原評定」という、北条氏側の時間稼ぎが逆にたたって、秀吉軍二十万の包囲にあい、ついに降服に追いこまれる。

小田原落城がみえたときに、秀吉は家康に、「旧北条領をおぬしに託す」と言った。

天正十八年八月一日、康政は、上州館林で十万石の領地があたえられた。井伊直政は箕輪十二万石、本多忠勝は上総大多喜で十万石をそれぞれあたえられた。

このとき本多と榊原があって、「三河譜代のわれわれが十万石で、新参の井伊がなぜ十二万石なのだ」と不満をもらしたという話が残っている。このへんの真偽はよくわからない。

しかしそれを意識してかどうか、家康が、「徳川家の家臣の中で、人品のもっとも高いのは榊原康政である」と、武功だけでなく今度は人品の高さを褒め讃えている。

このへんも勘繰ると、クサイ話になる。つまり、家康は新参の井伊よりも低い給与をあたえておいて、「康政はどう反応するか」と観察していたのかもしれない。だから家康が、「康政ほど、人品の高い家臣はいない」ということは、裏返せば、「人品が高い人間が、給与の多い少ないで文句を言うはずがなかろう」と一種の牽制球を、先に放ったということにもなる。家康ならやりかねない。

秀忠の関ヶ原遅参を弁明

やがて秀吉が死んで、関ヶ原の合戦が起こった。慶長五（一六〇〇）年のことである。このとき康政は、中山道をたどる秀忠の供をした。ところがこの軍は、信州上田城にこもる真田昌幸に振りまわされて手間取り、結局、九月十五日の大決戦には間に合わなかった。

家康は怒った。「上田城を攻め落としたならともかく、城を落とすこともできず、しかも決戦の日に遅れた。あいたくない」と言って、何度も面会を懇願する秀忠を追い返した。

康政はみかねて家康の陣にいった。懇々と家康の頑固さの非を鳴らした。

家康はこれに対し、「おれが江戸城を出るときには、すぐ通知を秀忠のところに遣わしたはずだ。通知を受けながら、遅れたのは許せない」と言った。

康政は、「通知を持った使いは、道中の川の氾濫などで遅れ、秀忠さまがご通知をお受け取りになったのは、九月九日でございます」と事実を述べた。

家康にすれば、そんな事実は問題ではない。ただ遅れたことに腹を立てていたのだ。しかし、満座の中で堂々と証拠を示して自分を非難する康政の態度に、穏やかならざるものを感じた。

家康は不機嫌になり、「わかった。川止めなどで通知が遅れたのならやむをえない。あう」と、ようやく秀忠との面会を許可した。

この報をきいて秀忠は喜び、「徳川家のあらん限り、榊原家のあらん限り、反逆は別として、ほかの不調法では絶対に見捨てることはしない。誓う」と書いた神文を康政に渡したという。

しかし現在では、このときの秀忠軍の遅れについて、「徳川譜代の家臣団を温存するために、家康と秀忠が共謀してわざと遅れさせたのだ」という説が唱えられている。ありうることだ。

実際に関ヶ原で戦ったのは、井伊直政と本多忠勝ぐらいのもので、三河以来の譜代の臣は、ほとんど秀忠の供をしていた。つまり無傷で、残ったのである。

このことからすれば、「徳川家による天下事業の完成と運営」には、やはり譜代の家臣たちを温存しておくほうが、将来のためになるという家康の計算がなかったとはいえないだろう。

関ヶ原の合戦で、榊原康政には何の恩賞もあたえられなかった。井伊直政は関ヶ原第一の手柄者として、上州箕輪十二万石から、かつて石田三成が拠点としていた近江佐和山城主に任ぜられ、十八万石に栄転した。本多忠勝は、上総大多喜十万石から、伊勢桑名十万石に横すべりしたが、実際には息子の忠朝に大多喜の旧領五万石があたえられたから、合わせて十五万石となった。康政はそのまま館林十万石である。

五十九歳の死

慶長十一年に入ると、康政は病の床についた。ガンだったようだ。

家康が心配して、見舞いの使いを寄越した。すると康政は寝たままでこれを迎え、「おれは、腸が腐ってやがて死にますとお伝えしてくれ」と憮然として応じた。感謝の言葉などまったく出さなかった。ところが秀忠から使いがきたときは、たちまち起き上がって羽織はかまを付け、病床から床に降りて迎えたという。

これは明らかに、家康に対し康政が不満の気持ちを持っていたことを物語る。反対に、秀忠には感謝の気持ちを抱き、親愛の念を持っていたのだ。

やはり、最後まで館林十万石に据えおかれたことに、無性に腹が立っていたにちがいない。

「腸が腐った」という言い方は、本多正信に対する当てつけでもあった。本多正信が近ごろメキメキと頭角をあらわし、家康唯一の寵臣に成り上がっていたことに対する反感である。三河譜代の功臣たちは、そろって正信のことを、「腸の腐ったやつ」と罵倒していた。康政にすれば、「そんな心のねじれた人間を重用するから、こっちまでへんな病気にかかったのだ」ということだろう。

康政は、この年五月に五十九歳で死んだ。家康が康政をそのまま放置したのは、なんといっても関ヶ原合戦の直後に、多くの部下がいる前で堂々と証拠を示し、理を述べ立てて自分をへこませたことへの屈辱感があった。こうした事件を、家康は絶対に忘れない。家康の特性だ。

康政はそのことを知っていた。しかし、「むかしの家康公なら、そんなことは一笑に付して、おれの理を認めてくれたはずだ。家康公も最高の権力者になると同時に、そういう心の大きさをどこかにおき忘れてしまったのだ」と感じていたのだろう。

かれほどの忠臣が、最後の土壇場になって、家康から派遣された見舞いの使者を、木で鼻をくったような挨拶をして追い返すなどということは考えられない。康政の抵抗は、家康自身に原因があったのである。

家康を神の座につけた怪僧　天海と崇伝

二人の僧形のブレーン

家康は、隠居して駿府城に退くと、ここを「徳川政治の政策立案の拠点」とし、多才なブレーンを集めた。僧として選ばれたのが、金地院崇伝（こんちいんすうでん）と南光坊天海である。

当時、僧は「国外情報の伝達者」として重要な地位にあった。とくに中国からの諸情報やアジア情勢などは、僧の独占物であった。「名僧知識」と呼ばれるが、「迷う民衆を導く」だけではなく、「権力者に必要な情報をもたらす仲介者」の役割も果たしていたのである。なにしろ、漢文に詳しいから、中国から伝えられる諸情報や書籍などの解釈には、抜きんでた力を持っていた。

南光坊天海は、死んだとき百八歳だったといわれ、異常な長寿を保った。しかしその出生や経歴はよくわからない。「会津の名族芦名氏の子孫だ」ともいわれ、幼いころから僧になり比叡山に入って修行した。

天正十六（一五八八）年ごろには、武蔵国仙波（埼玉県川越市）の喜多院の住職になっており、天台教学だけでなく、禅や密教にも造詣が深かった。「天海さまのご講義は、むずかしいことをやさしく教えてくださる」といわれ、多くの聴者を感銘させていたともいう。

家康が天海を召しだしたのは、慶長十二（一六〇七）年ごろのことだといわれる。当時、宗教界の最大派閥はなんといっても天台宗比叡山である。ここで、教義をめぐって大衆争論が起きた。

かねがね寺社勢力の、ときに政治を超えるような存在に眉をひそめていた家康は、「天台宗を、足もとの関東の天台によって統制しよう」ともくろんだ。

そこで召しだされたのが天海である。

天海は家康から、「至急比叡山に登り、論争中の大衆を説得し、できれば関東天台によって、関西の天台をまとめてもらいたい」という命令を受けた。天海は喜んだ。かれもかねがね、「関東天台を、関西天台をしのぐような存在にしたい」と思っていたからである。

比叡山に登った天海は山内の南光坊に住んだ。そして、見事に天台宗の統制に成功した。さらにかれは、織田信長に焼かれた延暦寺の修復に努めた。

天台宗の統制が軌道に乗ったので、家康は喜び、慶長十五年に、「わしのそばにきて、いろいろと知恵を貸してもらいたい」と駿府城に招いた。以後の天海は、「大御所のそばにあって、つねに政治顧問を務め、その意見はひとつとして用いられないことはなかった」といわれるようになった。家康自身、天海に、「貴僧とはもっと早くお目にかかりたかった」と言ったほどだった。

慶長十七年、武蔵喜多院は、「関東天台宗の総本山」とされた。さらに慶長十八年には、天海は「日光山の管理もお任せする」と家康から命ぜられた。

「黒衣の宰相」崇伝

駿府城にあって、いわゆる〝二元政治〟の根幹になった、多才なブレーンたちの中で、天海は必ずしも目に立つような業績を残してはいない。しかしかれの存在は、もうひとりの僧である金地院崇伝との対比において際立った。

金地院崇伝は、「徳川幕府展開の基礎となる諸法制」で力量を示した。崇伝は、永禄十二（一五六九）年に、一色（いっしき）秀勝の次男として生まれた。一色氏は、三河地方に領地を持つ足利一族である。天正元（一五七三）年に、織田信長によって足利幕府が滅ぼされたとき、父秀勝は足利家に殉じ、崇伝は南禅寺に引き取られ、僧となった。

幼いときから崇伝の才能は人並みはずれてすぐれていた。文禄三（一五九四）年ごろから、「以心崇伝」と名乗り、福厳寺や禅興寺の住職を務めた。やがて慶長十年には鎌倉五山のひとつである建長寺の住職になった。さらに、京都五山の上に位置する臨済宗南禅寺派本山南禅寺の第二百七十世住職となり、塔頭のひとつ金地院に住んだ。このとき崇伝は、まだ三十七歳にすぎなかった。

慶長十三年に、家康は崇伝の名声をきいて駿府城に召しだし、「外交事務のご指導をお願いしたい」といった。それまでも外交事務は、僧の専売特許だった。とくに、京都の五山の僧が担当した。秀吉時代には、西笑承兌が担当し、承兌が死ぬと臨済宗の閑室元佶が担当した。崇伝はこの元佶の後を継いだのである。

崇伝は、「経ばかり相手にしてまいりましたので、外交のことはよくわかりません。まず、書式などにも知識がございませんので」と辞退した。が、家康は、「大事なのは考え方なのであって、書式などは少し学べばすぐ覚えられる」と言って、この面ですぐれた力量を持っていた腹心本多正純にあわせた。

崇伝は、正純から外交文書の書式や使用文字などを学んだ。しかし、持ち前の頭の鋭さで、慶長十五年ごろからは外交面に加えて、寺社行政を中心に頭角をあらわした。

家康は崇伝を、京都所司代の板倉勝重と組ませた。そのため崇伝は、近畿地方における市政にも手を伸ばし、とくに、京都諸寺領の検地に関係した。

宗教統制に力を発揮した崇伝

南光坊天海を活用することによって、天台宗の統制に成功した家康は、「今後、寺院勢力は法制度をもって統制し、幕府政治の一環に組み込もう」と考えた。そこで、宗教界の事情に詳しい崇伝にさらに、「宗派別の法度を作成して欲しい」と命じた。崇伝は喜んでこの仕事と取り組んだ。

かれによって、「紫衣(しえ)法度」「真言宗諸法度」「五山十刹(ござんじっさつ)法度」「大徳寺法度」などが次々につくられ、これらの諸法度は、慶長十八年から元和元（一六一五）年ごろまでに、続々と発布された。これがその後の、幕府の寺社行政の根幹法度になる。

崇伝が考えた寺社統制は、

- 僧侶は学問に専念する

- 寺社は世俗的な権威を拡大しない
- 本寺・末寺の関係をはっきりさせる。しかし、これは本寺の権限を拡大させることではない。逆に、末寺によって本寺を抑制する方向をとる
- 僧の官位の授与について、従来の朝廷の権限を大幅に縮小する

などであった。家康は満足した。

そこで崇伝にさらに、「武家諸法度」「禁中並公家諸法度」の草案も書くように命じた。家康は崇伝に、源頼朝が鎌倉幕府を開いたときに、京都から呼んだ学者大江広元のような役割を期待していたといっていい。

家康は、「徳川幕府の統制は、法度（法）によっておこなうべきだ」と考えて、その根幹になる諸法度を次々と崇伝に考案させたのである。

こうして、徳川幕府の根幹となる法制度確立に多大な貢献をした崇伝は、家康が死んだのちも二代将軍秀忠、三代将軍家光をよく支えた。寛永三（一六二六）年には、時の後水尾天皇から「円照本光国師（えんしょうほんこうこくし）」という国師号さえ授けられた。国師というのは、「天皇に仏法を伝える僧」という、いわば「天皇の仏法上の師」のことだ。

崇伝は寛永十年一月二十日、六十五歳で死ぬ。

崇伝は、「黒衣の宰相」と呼ばれた。かれは自分のつくり出した法度の浸透には

特別に熱を持ち、破る者には厳罰をもって臨んだ。そのため世間では、天皇からもらった国師号をもじって、「大慾山気根院僭上寺悪国師（だいよくざんきこんいんせんじょうじあくこくし）」とも呼んだ。

ひとつのことを成し遂げれば、当然評価する者と、反対に悪口を言う者が出るのはいつの世でも変わらない。そんなことは崇伝にしても百も承知だったろう。

豊臣家を滅ぼすための悪知恵

これにくらべると、天海は崇伝が活躍していたころは、どちらかというと影が薄い。目立った実績がなかったからである。しかし、不思議なことに天海の存在は、知る人ぞ知るといった具合だった。

それはかれが陰に陽に、「罪をえた者の救済」にさり気なく力をつくしていたからである。かれの助言によって、いったん罪をえながら救われた人に、幕府の勘定頭松平正綱（日光の杉並木をつくった人物）や、福島正則、大徳寺の沢庵宗彭（たくあんそうほう）などがいる。罪をえたかれらに対し、天海が口をきいて赦免や減刑がなされたのである。幕府側も、「天海僧正の言われることならやむをえまい」と、天海の助命・赦免嘆願を受け入れた。

わずか二年で征夷大将軍職を息子の秀忠に譲った家康のもくろみは、いうまでもなく、「今後、征夷大将軍のポストは徳川家が世襲とする」と天下に宣言することにあった。裏返せば、「世間がどのように期待しようと、豊臣家には政権を譲らない」ということの表明でもある。家康の胸の中にははっきりと、「大坂城の豊臣家との全面対決」が企てられていた。

したがって、家康の駿府隠居後の政治活動は、すべてこの一点に集中された。駿府城に集められたブレーンも、それぞれの分担業務はちがっても、陰に陽に家康の目指す、「豊臣家との対決」を頭の一角においていた。また、それを頭の中におかなければ、ブレーンは務まらなかった。

駿府城に集められたブレーンたちは、ここで、「豊臣家を滅ぼすための悪知恵」をしぼり出す、いわば家康による「悪知恵のしぼり出し競争」を強いられた。

ゴールはあげて、「豊臣家を挑発して、先に手を出させるように仕向ける」ことだった。豊臣家の一挙手一投足に鋭い視線が向けられ、かれらは「わずかな失策でも、決して見逃すまい」と目を爛々と光らせた。

たまたま引っかかったのが、有名な「京都方広寺大仏殿の鐘銘問題」であった。

この大仏殿再興は、徳川家康のすすめによって大坂城の豊臣秀頼が、父秀吉から引き継いだ莫大な金銀を費やしておこなった事業だったが、その鐘銘の中に、「国家安康」「君臣豊楽」という文字があった。崇伝はこれに難癖をつけた。つまり、「国家安康というのは、家康公の名をズタズタに切り刻むということでございましょう」と言い、「君臣豊楽」は、「豊臣家を栄えさせ、君として楽しませるということでございます」とまさに牽強付会の説を唱えた。

これに、若い儒学者林羅山が尻馬に乗った。羅山は「君臣豊楽」の文字の下に「右僕射源朝臣家康公」というのは、「文字どおり、大御所さま（家康のこと）を射ると読めます」と告げた。家康は目を細めて満足そうな表情をした。

まさにこの難癖は、崇伝にせよ林羅山にせよ、「曲学阿世（学問をゆがめ、世におもねる）の徒」といわれても仕方がないような屁理屈のつけ方だ。しかしこの屁理屈がまかりとおった。

幕府は豊臣家に対し、「大仏殿の上棟式は八月一日におこなうそうだが、一日はもともと縁起の悪い日である。また、棟礼にも不都合な文句があり、後日改めて調査する。大仏の鐘銘に大御所を呪う文字や幕府にとって不吉な文字がみえる。したがって、上棟式と供養は延期するように」と申し入れた。

大坂城は憤激し、豊臣家はこの挑発にのり、大坂冬の陣が起こる。冬の陣はすぐ和睦したが、やがて夏の陣が起こり、大坂城は炎上、豊臣家は滅びた。

家康が欲したふたつの理論的根拠

このころの天海と崇伝は、いわば、「ボケとツッコミ」のような関係を保っていた。法令の遵守にきびしい崇伝に対し、「法はきびしいだけではだめで、救済の道が残されていなければならない」という天海とのコンビが、幕政を支えたのである。崇伝がせっせと罪人をつくれば、天海がこれまたせっせとその救済にあたるという役割分担をおこなったのである。

隠居後の家康は、当時有数の朱子学者だった藤原惺窩（せいか）を駿府城に招こうとしたことがあったが、断わられた。

家康には、朱子学に関してふたつの目的があった。ひとつは、「豊臣氏を滅ぼすときの理論的根拠」であり、もうひとつは「自分が天下を取ったのちの、家臣団の統制の理論的根拠」であった。

惺窩はやはり学者なので、「世俗的な権力に接近したくない」と思い、代わりに門人の林羅山を推薦した。家康は豊臣氏との開戦直前になると、羅山に自分が従来から欲しがっていた「ふたつの理論的根拠」を求めた。

このとき羅山が家康に告げたのは、「孟子の放伐論」である。羅山は、暗に「徳を失った豊臣家は、すでに王ではありません。ただのつまらぬ存在です。したがって、徳のある者が武力でこれを討っても、決して反逆にはなりません」と言ったのである。

家康は羅山の説明をきいて大いに満足した。家康の野望を林羅山は見事に正当化してくれたからである。

もうひとつの、「今後、君臣の関係をどうするか」という論は、羅山の得意な朱子学からこれを引用した。

羅山は、「朱子学には、君臣の大義を明らかにするという考えがあります。それは、君、君たらずとも、臣、臣たれという意味合いのものです」と告げた。これもまた家康の大いに気に入るところとなった。

的中した天海の危惧

こういう家康と羅山のやりとりを、じっとそばから凝視していたのが天海である。

天海は、（これは危険な状態だ）と感じた。そこで崇伝にこのことを話した。崇伝には意味がよくわからない。

このころの崇伝は、寺社関係の法度を整備したのちに、「キリシタン禁令」の草案を書いていたので、そちらのほうで頭がいっぱいだったからである。

しかし、天海とは役割分担のちがう同志のようなものなので、「貴僧は何を心配しておられるのか？」ときいた。天海は、林羅山のことを話した。崇伝はほほえんだ。

「羅山どのは若い。これから育つ学者だ。別に子細はないではないか」

「わたしが言うのはそういうことではない」

「では、どういうことなのですか？」

崇伝は多少苛立ってきた。天海は漠然と感じはじめたことを話した。一種の予感のようなものである。

「はっきり申し上げる。大御所さまは、やがて僧をお見捨てになるのではないかという気がする」

「われわれを見捨てる？　バカな」

崇伝は笑った。

いま崇伝が発揮している学識や能力からすれば、そんなことはありえない。現に、家康は崇伝を非常に重用している。

崇伝は心の中で、(天海どのは、際だった実績を上げていないものだから、そんな考えをお持ちになったのではないか)と疑った。

しかし天海の危惧は、そんな次元にはない。天海がこのとき心配していたのは、(大御所さまは、やがて僧を学者に代えるのではないか)ということである。はっきりいえば、「徳川幕府のブレーンとして、僧は必要ない。学者だけが役に立つ」という事態がきはしないかと恐れたのである。

この予感は当たる。徳川家康が死んだあと、徳川幕府のブレーン陣から、僧は一掃される。代わって台頭したのが、林羅山を中心とする学者群であった。それも、朱子学を信奉する学者たちだった。これが、その後二百六十年間にわたる徳川幕府の、いわゆる「幕府の教学」あるいは「幕府のすすめる官学」になる。そして、それまで一般の知識や学問だけでなく、「情報の伝え手」の役割も果たしていた僧たちは、一斉に幕府の政治体制から追われる。

こういう先の見通しを持った天海は、その不安を崇伝に告げたのである。しかし多くの実績を上げ、またさらに打ち立てようとしている崇伝にとっては、天海の不安は杞憂にすぎなかった。本気で相手にしなかった。天海は絶望した。これが、天海が崇伝を見限る大きな原因になる。

大権現を家康の尊号に

家康が死んだあと、その尊号を何にするかについて、幕府内で議論が起こった。崇伝は「大明神とすべきだ」と主張した。ところが天海は「いや、大権現にすべきだ」と言い、崇伝との間に激しい論争が起こった。

ときの将軍秀忠は割って入った。そして天海にきいた。

「なぜ、大権現にこだわられるのか？」

天海は秀忠の顔をみて、こう応じた。

「大明神は、すでに豊臣大明神という尊号がございます。その末路は、すでにご承知のとおりでございます」

座にいた人びとは思わずアッと声を上げた。天海の言うとおりだった。大明神の尊号をつけられた豊臣家は、その子秀頼のときに滅びた。だから天海にすれば、「豊臣家の例にあるような、不吉な尊号を家康公につけるべきではない」というのである。これが決め手になった。崇伝もさすがに沈黙した。

こうして天海の主張する、「大権現」が用いられ、徳川家康は「東照大権現」と呼ばれる神になった。

しかし天海にすれば、（これも、牽強付会の説だ）という後ろめたさがあった。京都方広寺の大仏殿の鐘銘に対し、崇伝と羅山が難癖をつけたときに、天海は思わず心の中で、（このふたりは曲学阿世の徒だ）と感じた。しかし、おなじことを家康の尊号において、今度は天海がおこなったのである。

しかし、徳川家康を神格化した天海は、その後、とくに三大将軍家光の補導役として活躍した。家光も不思議に天海になついた。「僧正、僧正」と言って慕った。

天海は家光に言った。

「大名統制で何かお困りになったときは、必ず大御所さまの夢をご覧なさい」

つまり、大名たちにいやな命令を下すときは、「夕べ、夢枕に立たれた大御所さまがこう仰せられた」と言えというのである。

これはききめがあった。家光に対して、（この若造め）と思う大名たちも、「夕べ夢枕に立った大権現さまが、こう仰せられた」と言えば、「それは嘘だ」とは言えない。巧みな大名統制である。

しかし、そういうことを家光にやらせる以上、天海は心の底から家康を尊敬していた。

徳川家の菩提寺東叡山寛永寺は、天海が開山となったものである。川越の喜多院とこの寛永寺とを往来しながら、寛永二十（一六四三）年十月に、天海は寛永寺で死んだ。

かれが危惧したとおり、かれと崇伝の死によって、「徳川幕府における、ブレーンとしての僧」の重要性は消え、羅山を中心とする「朱子学者の群れ」が、大いに幅をきかせるようになる。

本書は、二〇〇二年十月に東洋経済新報社より刊行された単行本『家康名臣伝』を再編集し、改題して文庫化したものです。

家康、人づかいの技術

童門冬二

令和4年 10月25日　初版発行

発行者●堀内大示

発行●株式会社KADOKAWA
〒102-8177　東京都千代田区富士見2-13-3
電話　0570-002-301（ナビダイヤル）

角川文庫 23367

印刷所●株式会社暁印刷
製本所●本間製本株式会社

表紙画●和田三造

●お問い合わせ
https://www.kadokawa.co.jp/（「お問い合わせ」へお進みください）
※内容によっては、お答えできない場合があります。
※サポートは日本国内のみとさせていただきます。
※Japanese text only

ISBN 978-4-04-112540-3　C0195

◇◇◇